Rudolf R. Knirsch

Sonora Wüste

Wandern in der Großen Amerikanischen Wüste

GoWest Verlag Frankfurt/M – Tucson/Arizona

Die Deutsche Bibliothek – CIP-Einheitsaufnahme

Knirsch, Rudolf, R.
Sonora Wüste
Wandern in der Großen Amerikanischen Wüste
Band 4 aus der Reihe ‚Unterwegs im Wilden Westen'

GoWest Verlag Knirsch, Rudolf R., Frankfurt/Hessen – Tucson/Arizona
ISBN 978-3-00-024182-6

Das Werk einschließlich aller seiner Teile ist urheberrechtlich geschützt.
Jede Verwertung ist ohne Zustimmung des Verlags und Verfassers nicht erlaubt.
Das gilt insbesondere für Vervielfältigungen, Übersetzungen, Mikroverfilmungen und
die Einspeisung und Verarbeitung in elektronischen Systemen.

Kartografie: Rudolf R. Knirsch
Cover und Übersichtskarte: Rudolf R. Knirsch
Fotos: Rudolf R. Knirsch und Metropolitan Tucson Convention & Visitors Bureau (MTCVB)
mit Dank für das Überlassen von Fotos.

Druck: QuickPrinter
Printed in Germany

Alle Informationen wurden sorgfältig zusammengetragen. Da Fehler nicht auszuschließen
sind, erfolgen alle Angaben ohne Gewähr für die Richtigkeit im Sinne einer Produkthaftung.
Für Hinweise ist der Autor dankbar.
E-mail: rrknirsch@web.de
Fax: 06055-914110
Homepage: www.wandernUSA.de

© 2009

Umschlagfotos
Vorderseite: Saguaros mit Schneehäubchen, ein seltener Anblick (Foto David Jewell © MTCVB)
Rückseite oben links: ... immer wieder trinken ... (Foto Hennig)
Rückseite oben rechts: Sonnenuntergang in der Sonoran Wüste (Foto: NPS)
Rückseite unten: Mit dem Autor unterwegs

Inhalt

Wandern in der Wüste
Erlebnisse der besonderen Art 7
Gefahren in der Wüste 8
Gebote für Wüstenwanderer 9

Sonora Wüste
Paradies für Sonnenhungrige 11
Land der Riesenkakteen 12
Sierra Madre – Inseln in der Wüste 14

Saguaro National Park
Auf dem Kings Canyon Trail zum Wasson Peak 1 17
Andere Attraktionen
• Visitor Center mit Kaktus Garten 1 18
• Signal Hills Trail 1 18
• Desert Discovery Trail 1 18
• Valley View Overlook Trail 1 18
Tanque Verde Ridge Trail 2 19
Andere Attraktionen
• Freeman Homestead Nature Trail 2 20
• Desert Ecology Trail 2 20
• Cactus Forest Loop Drive 2 20

Santa Catalinas – Grüne Insel in der Wüste
Bear Creek Canyon und Seven Falls 3 21
Hutch's Pool – Badefreuden in der Wüste 3 23
Pima Canyon 3 26
Auf dem Catalina Highway zum Mount Lemmon 3 27
Zum Lemmon Rock Lookout Tower 3 29
Vom San Pedro Vista zum Hitchcock Campground 3 30
Andere Attraktionen
• Marshall Gulch Picnic Area 3 31
• Aspen und Marshall Gulch Trail 3 31
• Sunset Trail 3 31

Kartennummer **3** Seite

Tucson und Umgebung
Sonnenuntergang am Brown Mountain ....1......32
Arizona-Sonora Desert Museum – Freilandmuseum der Spitzenklasse ....1.......33
Andere Attraktionen
- Mission San Xavier del Bac ....4......33
- Arizona State Museum ....4......33
- Tohono Chul Park ....4......34
- Pima Air & Space Museum ....4......34
- Tucson's Hispanic Cultur Center ....4......34
- Mariachi Folklore Festival ....4......34
- Titan Missile Museum ....5......34
- Biosphere 2 – Traum vom Leben auf einem anderen Planeten ....6......34
- Cowtown ....7......34
- Kitt Peak Observatorium ....8......34

Santa Rita und Tumacacori Mountains
Mount Wrightson – Wanderhighlight in den Santa Ritas ....9......37
Zum Atascosa Lookout in den Tumacacoris ....10.....38
Andere Attraktionen
- Nogales: Zwei Grenzstädte – Zwei Welten ....11.....39
- Tubac – Stadt der Künstler ....12.....39
- Tumacacori National Historic Park ....12.....40

Huachuca Mountains an der Grenze zu Mexiko
Auf dem Crest Trail zum Miller Peak ....13.....41
Carr Peak und Reef Townsite ....13.....44
Kartchner Caverns – Wandern in ewiger Finsternis ....14.....47
Andere Attraktionen
- Fort Huachuca ....15.....48
- Tombstone – Auf den Spuren von Doc Holiday und Wyatt Earp ....16.....48
- Bisbee Mining & Historical Museum ....17.....49

Dragoon und Chiricahua Mountains
Cochise Stronghold – Fliehburg der Apachen ....18.....50
Heart of Rocks – Eine pittoreske Felsenlandschaft ....19.....53
Barfoot Lookout ....19.....56
Andere Attraktionen
- Museum of Native American Archeaology, Art, History and Culture ....18.....56
- Echo Trail ....19.....57
- Faraway Ranch ....19.....57
- Sugarloaf Lookout ....19.....57
- Fort Bowie National Historic Site ....20.....57

Kartennummer **20** Seite

Pinaleño Mountains
Webb Peak – Ein Dreitausender ....21.....58
Andere Attraktionen
- Hot Sping im Roper State Park ....22.....60
- Phelps Dodge Morenci Copper Mine ....23.....60
- Hot Well Dunes Recreation Area ....24.....60

Phoenix und Umgebung
Piestewa Peak – Wandern in einer Großstadt ....25.....61
Picacho Peak – Landmarke für Jahrtausende ....26.....62
Andere Attraktionen
- Sun City – Rentnerparadies oder Albtraum? ....27.....63
- Arcosanti – Utopie einer Stadt in der Wüste ....28.....63
- Casa Grande Ruins National Monument ....29.....63

Superstition Mountains
Weavers Needle Loop Trail ....30.....64
La Barge – Boulder Canyon Trail ....30.....66
Andere Attraktionen
- Dolly Steamboat ....31.....66
- Goldfield Ghosttown ....31.....66

Organ Pipe National Monument
Bull Pasture und Mount Ajo ....32.....67
Zur Victoria Mine ....32.....70
Andere Attraktionen
- Ajo Mountain Scenic Drive ....32.....71
- Arch Canyon-Boulder Overlook ....32.....71
- New Cornelia Copper Mine in Ajo ....33.....71

Am unteren Colorado River- Arizona's West Coast
Betty's Kitchen – Eldorado für Vogelfreunde ....34.....73
Palm Canyon – Wandern zu einer seltenen Palmenart ....35.....74
Andere Attraktionen
- Imperial National Wildlife Refuge ....34.....75

Great Sand Dunes National Park (Colorado)
Sand Ramp Trail und Medano Creek 76
Wandern in den Dünen 77
Andere Attraktionen
- Zapata Wasserfall 78
- Blanca Peak 78
- Fort Garland 78
- San Luis State Park und Wildlife Area 78

Kartennummer **34** Seite

White Sands National Monument (New Mexiko) 79
Coral Pink Dunes (Utah) 80
Algodones Dunes (Kalifornien) .... 36..... 82

Info
Nationalparke – Eine amerikanische Erfindung 16
Klima im Wandel 25
Tucson – Herz der Sonora Wüste 39
Ursus Americanus – Vacationus Americanus 45
Tropfsteinhöhlen – Unterirdische Welten 48
Ghosttowns erwachen 49
Chiricahua-Apachen kontra Weißer Mann 52
CCC – „The Tree Army" 55
Highlights für Ornithologen 57
Schutzgebiet für ein Eichhörnchen 60
Erobern Illegale den Südwesten? 68
Colorado River – Gezähmter Riese 72
Dünen – Spielwiese für Touristen 75

Tipps – Erprobt und bewährt
Einen außergewöhnlichen Urlaub planen 83
Checkliste für zu Hause 83
Wanderkarten im Internet 84
Beste Reisezeit 84
Einkaufen in den USA 84
Keine Spuren hinterlassen 84

Anhang
Kleines Wörterbuch – Aussprachehilfe 85
Abkürzungen 85
Kartenlegende 86
Arizona in Zahlen 86
Klimadaten 86
Literatur 87
Register – Schnell gefunden 87

Kartennummer **35** Seite

Wandern in der Wüste
Erlebnisse der besonderen Art

Ein Sandmeer von Horizont zu Horizont, gewellt in Dünen. Irgendwo ein paar Palmen, die der Sand zu verschlucken droht. Alles versengende Sonnenglut, lautlose Leere, endlose Einsamkeit, Schlangen, Spinnen, Skorpione. Gefahren auf Schritt und Tritt. Die Klischees über Wüsten sind zahllos.

In der Wirklichkeit sieht die Große Amerikanische Wüste ganz anders aus. Sie gleicht einem Bilderbuch der Kontraste mit

- einem Farbkaleidoskop von morgens bis abends
- langen, weichen Konturen und gezackten Felssilhouetten, die sich scharf gegen den Horizont abzeichnen.
- einem Inferno aus Gewitter, Blitz und Donner während der Monsunregen.
- hoher Sonneneinstrahlung, hoher Verdunstung und wenig Wasser.
- Siedlungsresten früherer Bewohner an Kliffwänden und in Erdhügeln abgelegener Täler.
- unbekannten, teilweise exotisch anmutenden Tieren und Pflanzen.

Wandern in der Wüste ist ein Erlebnis der besonderen Art. Man muss sich Zeit nehmen, beobachten, das Leben auf sich zukommen lassen. Es ist immer wieder überraschend, wie neugierig und zutraulich Tiere in der Wildnis werden können und wie sie auch den Menschen als Teil ihrer Umwelt akzeptieren. Man wird sensibel für Schönheit und Vielfalt dieser Landschaft und kann sie als Erinnerung speichern. Wandern in der Wüste verspricht demjenigen außergewöhnliche Erlebnisse, der sorgfältig plant und den extremen Naturbedingungen mit ausreichend Wasser und richtiger Kleidung den notwendigen Respekt zollt. Die Sonora und Chihuahua[*)] Wüste im Süden von Arizona, in New Mexiko und Texas – Teile der Großen Amerikanischen Wüste – sind mit den sie inselförmig überragenden Gebirgen ein Wunderland für Wanderer. Insbesondere im Frühjahr, wenn nach den Winterregen die Wüste erwacht und weite Flächen mit einem Blütenteppich überzieht.

Es gibt hier unzählige Wanderwege. Ich habe jene ausgewählt, die

- leicht zu erreichen und unschwer zu gehen sind.
- attraktive Landschaften bieten.
- ein Natur-pur-Erlebnis vermitteln.

Die beschriebenen Wanderungen zählen zu meinen Favoriten. Zu allen Ausgangspunkten bin ich mit meinem Wohnwagen gefahren.
Manche Zufahrten sind inzwischen in einem sehr schlechten Zustand. Hier rate ich dringend ab, diese „Straßen" mit einem Wohnwagen zu befahren.
In der Großen Amerikanischen Wüste

Campen in der Sonora Wüste

gibt es auch Dünenlandschaften. Keine endlosen Sandmeere wie in der Sahara. Einige Dünenfelder sind in einem separaten Kapitel beschrieben, auch wenn sie außerhalb der Sonora Wüste liegen.
Wer zusätzliche Hintergrundinformationen sucht, für den ist das Buch 'Paradies auf Abruf. Das Ende der Natur im Westen der USA' eine ergiebige Quelle (siehe Literaturhinweis Seite 87). *) Aussprache-Hilfen im Anhang. S. 85

Gefahren in der Wüste

Den Tag werde ich nie vergessen. Schon vor Sonnenaufgang war ich unterwegs auf einem der schönsten Rundwanderwege in den Catalina Mountains bei Tucson in Arizona: Auf dem Phoneline Trail wanderte ich über das Sabino Basin zum Sycamore Saddle und abwärts im Bear Canyon zu den Seven Falls. Plötzlich verspürte ich ein Unwohlsein. Ich opferte den Mageninhalt. Die Hosen bekam ich noch

Stacheln, Waffen gegen Fressfeinde

rechtzeitig herunter. Jeder Schluck Wasser ging umgehend einen dieser Wege. Nichts behielt der Körper. Ich wurde zunehmend schlapper. Bei jeder Querung des Bear Creeks legte ich mich ins Wasser, um mich ein wenig zu erfrischen. Der Weg bis zur Straße und zur Haltestelle des Bus-Shuttle wollte kein Ende

nehmen. Ich war am Ende meiner Kräfte. Was hatte ich falsch gemacht?
Bekleidet mit Shorts und armlosem Shirt, das mit den ersten Sonnenstrahlen in den Rucksack wanderte, kam ich gut voran. Gelegentlich eine kleine Trinkpause. Kein Durstgefühl! Eigentlich alles o.k! Nicht bedacht und bemerkt hatte ich, dass der Aufstieg, die geringe Luftfeuchtigkeit, die intensive Sonneneinstrahlung und die zunehmende Temperatur die Körperflüssigkeit aus allen Poren zog – ohne zu schwitzen. Ich trank zu wenig. Dehydration (Austrocknen) war die Folge.

Trinken, trinken und immer wieder trinken...

Gebote für Wüstenwanderer

1. Info über Länge, Dauer und Schwierigkeiten der geplanten Wanderung einholen.
2. Wasser entsprechend der Wanderlänge mitnehmen. Pro Stunde mindestens ein halber Liter.
3. Verpflegung: Leichte wasserhaltige Kost wie Äpfel und Karotten sowie Mineralstoffe.
4. Kleidung: Leichte Wanderschuhe, Sonnencreme, Lippenschutz, Sonnenbrille, Hut mit breitem Rand, langärmliges Hemd und lange Hose (vermindert Verlust an Körperflüssigkeit).
5. Pinzette, um eventuell Stacheln von Kakteen entfernen zu können.
6. Vor dem Start viel trinken. Unterwegs trinken, trinken, trinken – auch ohne durstig zu sein.
7. Prüfen Sie ihren Urin. Eine dunkelgelb-bräunliche Färbung ist ein Warnsignal. Es fordert auf, mehr zu trinken.
8. Möglichst früh starten und vor der höchsten Sonneneinstrahlung die Wanderung beenden oder im Schatten pausieren.
9. Nicht allein wandern.
10. Erst hinschauen, dann hingreifen und hintreten. Spinnen und Skorpione warnen nicht. Nur Klapperschlagen machen sich bemerkbar, wenn man ihnen zu nahe kommt. Sie sind weit weniger gefährlich als oft beschrieben.

11. Wenn man nicht sicher ist, auf der richtigen Spur zu sein – zurück bis zu einem Orientierungszeichen gehen (z. B. Steinhaufen). Querfeldein wandern nur Erfahrene, die sich mit Hilfe von Karte und Kompass (GPS) orientieren können.
12. Hochwasser in der Wüste sind lebensbedrohlich. Queren Sie nie einen überfluteten Weg. Meiden Sie Slot Canyons während der Monsunregen nachmittags im Juli und August.
13. Nach der Wanderung: Eine Lotion gegen Austrocknen und Aufreißen der Haut, besonders an den Füßen.

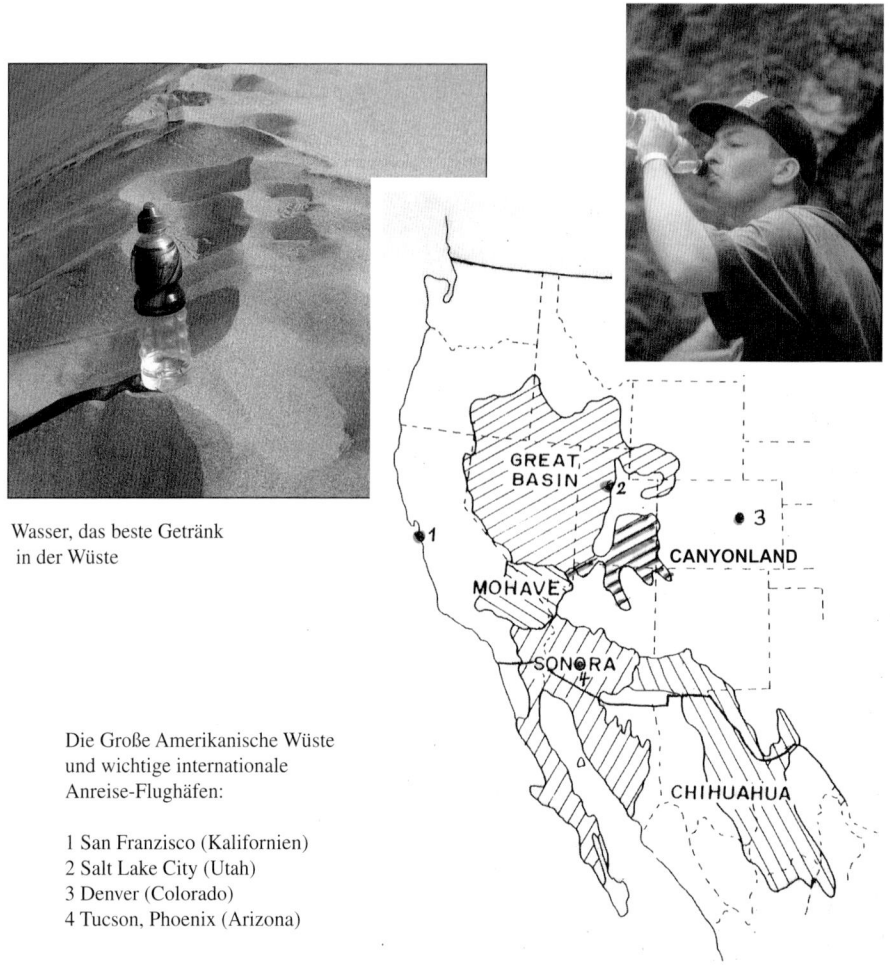

Wasser, das beste Getränk in der Wüste

Die Große Amerikanische Wüste und wichtige internationale Anreise-Flughäfen:

1 San Franzisco (Kalifornien)
2 Salt Lake City (Utah)
3 Denver (Colorado)
4 Tucson, Phoenix (Arizona)

Sonora Wüste
Paradies für Sonnenhungrige

Die Große Amerikanische Wüste erstreckt sich von den Bundesstaaten Oregon und Idaho bis weit nach Mexiko und umfasst mit dem Great Basin, der Mohave Wüste, der Sonora und Chihuahua[*)] Desert rund 1,3 Millionen Quadratkilometer (s. Karte Seite 10). Die Sonora Wüste im Süden von Arizona und die Chihuahua Wüste im Süden von New Mexico und in Texas sind ein kleiner Teil der Großen Amerikanischen Wüste.

Die Sonora Wüste erhält im Winter und im Sommer Niederschläge. Sie ist der artenreichste Teil der Großen Amerikanischen Wüste und mit 275.000 Quadratkilometern etwas größer als die alten Bundesländer. Die Chihuahua Wüste erhält etwas mehr Niederschläge als die Sonora Desert. Es fehlen die Saguaros. Auffällig sind die zahlreichen fotogenen, baumartigen Yuccas.

Die Geburtsstunde dieser beiden Wüsten liegt 25 bis 30 Millionen Jahre zurück. Im Zuge plattentektonischer Bewegungen wurde das Colorado Plateau angehoben. Ein Vorgang, der noch heute anhält. Das südlich gelegene Land blieb in seiner Lage. Gewaltige Vulkanausbrüche schufen eine einzigartige, vielgegliederte Landschaft mit inselförmig steil aufragenden, waldbedeckten Bergen – „Island in the Sky" – und weiten, mit Erosionsschutt gefüllten, von Hitze flimmernden, wüstenähnlichen Beckenlandschaften.

Die heutige semiaride Wüstenvegetation entwickelte sich nach der letzten Eiszeit – in den vergangenen 12.000 Jahren. Im Regenschatten der Sierra Nevada und anderer Küstengebirge fallen nur geringe Niederschläge während der Winter- und Sommerregenzeit. Ein wolkenloser Himmel ist Alltag. Die Temperaturen steigen. Ebenso die Verdunstung. Die Verdunstungsrate übertrifft die Menge der Niederschläge um ein Vielfaches. Die Luft wird „knochentrocken". Drastisch vermindert sich das für den Pflanzenwuchs zur Verfügung stehende Wasser.

Die Sonora Wüste zählt im Sommer zu den heißesten und trockensten Gebieten Nordamerikas. Tiere und Pflanzen, die hier leben, müssen an die harten Umweltbedingungen, an die hohen Sommertemperaturen und an den Mangel an Wasser angepasst sein. Manche Tiere sind nachtaktiv, um der Sonnenglut zu entgehen. Pflanzen schützen sich durch kleine Blätter und wachsigen Überzug vor zu großer Verdunstung und mit Stacheln und Dornen vor Fressfeinden. Die Natur ist sehr erfinderisch im Entwickeln von Überlebensstrategien. Wer weiß schon, dass der Cactus Wren (Zaunkönig) eine Art Filter entwickelt hat, der dreiviertel des Wassers aus der Atemluft zurückhält und Hasen ihre langen Ohren hauptsächlich als Radiatoren zum Kühlen des Blutkreislaufes nutzen? Und Manzanita Büsche ihre kleinen Blätter senkrecht stellen, um die Verdunstung zu vermindern? Man muss nicht Biologe sein, um die vielen Tricks zu bewundern, die Pflanzen und Tiere entwickelt haben, um in der Wüste zu überleben.

*) Aussprache-Hilfen im Anhang. S. 85

Land der Riesenkakteen

Das landschaftsprägende Element in der Sonora Desert sind Kakteen. Für den Kakteenliebhaber ist diese Wüste ein Eldoreado. Unter mehr als 70 Arten ist der Saguaro*), der Monarch der Wüste, der größte Kaktus in den USA. Für Arizona ist er millionenfach auf den Nummernschildern der Autos abgebildet. Er blüht im April und Mai. Seine Blüte wurde zur Staatsblume von Arizona gewählt.

Das Leben eines Saguaro beginnt mit einem stecknadelgroßer schwarzer Samen. Zehntausende produziert ein Kaktus jedes Jahr. Vielleicht überlebt einer, findet ausreichend Schutz unter einem schattenspendenden „Nurse"-Baum, erhält genügend Nährstoffe und Feuchtigkeit. Die Samen stehen bei vielen Vogelarten, bei Ameisen, Mäusen, Coyoten, Rehen und Wildschweinen auf dem Speisezettel. Aus den Früchten wird Kakteenmarmelade gewonnen, die man in Tucson kaufen kann (7707 E Broadway bei Table Talk und 2841 N Campell im Kaibab Shop).

Am Anfang wachsen Saguaros extrem langsam – im ersten Lebensjahr vier bis sechs Millimeter. Nach 15 Jahren misst er ca. 30 Zentimeter. Mit 30 blüht er erstmals. Bestäubt von Insekten, Vögeln und Fledermäusen produziert er in seinem bis zu 200 Jahre langen Leben

In der Sonora Wüste (Foto NPS).

bis zu 40 Millionen Samen. Mit 50 ist er ca. zwei Meter groß. Im Alter von 55 bis 85 Jahren wachsen ihm „Arme" – Natur schafft Raum für mehr Blüten. Nach 150 Jahren erreicht ein Saguaro die stattliche Größe von 13 bis 16 Metern – abhängig von der Qualität des Bodens und der Menge der Niederschläge. Sagoaros wachsen langsam!
Über sieben Tonnen Gewicht bringt ein ausgewachsener Riese auf die Waage. Er besteht größtenteils aus Wasser, das er über ein ausgedehntes Wurzelnetz, nur wenige Zentimeter unter der Erdoberfläche, aufsaugt – bis zu 700 Liter nach einem kräftigen Regen.
Dieser Vorrat reicht für ein ganzes Jahr. Saguaros sind das Markenzeichen der Sonora Wüste.

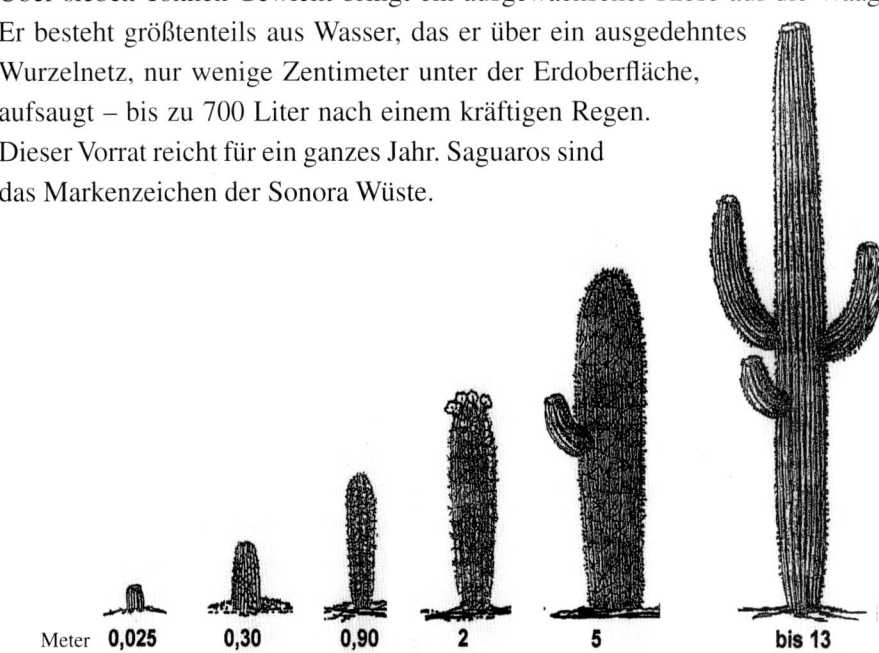

Meter	0,025	0,30	0,90	2	5	bis 13
Jahre	6-7	17	26	36	55-60	170-200

Saguaros wachsen langsam (nach Steenberg und Lowe, Ecology of Saguaro, 1983)

Doch den Riesenkakteen droht Gefahr von einem Einwanderer aus Südafrika: Büffelgras, widerstandsfähig gegen Trockenheit, breitet sich aus, verdrängt die heimische Vegetation und verwandelt Teile der Wüste in eine Graslandschaft. Es bildet einen dichten Teppich und lässt keinen Platz für die nächste Saguaro-Generation. Das trockene Büffelgras ist außerdem ein idealer Nährboden für Wildfeuer – ein bisher unbekanntes Naturereignis in der Sonora Wüste. Saguaros haben gegenüber den Flammen kaum eine Überlebenschance.

*) Aussprache-Hilfen im Anhang. S. 85

Sierra Madre
Inseln in der Wüste

Der Spanier Francisco de Coronado kam 1540 mit seiner Expedition auf der Suche nach Gold von Mexiko in das heutige Arizona. Anstelle der geheimnisumwobenen Seven Golden Cites of Cibola fand er grasbedeckte und wüstenhafte Landschaften mit Kakteen, Eidechsen und Schlangen. Hoch überragt von zerklüfteten Bergketten. Die Spanier nannten diese Bergmassive Sierra Madre. Zu ihnen gehören alle im Buch beschriebenen Sky Islands – Inseln in der Wüste.

Diese Berge erweisen sich Jahrhunderte später als ein Schatz für Arizona. Ihre Spitzen fangen im Winter und während der Monsunzeit im Juli und August Regen oder Schnee ein. Entsprechend der Höhenlage ändert sich die Vegetation von kleinblättrigen Wüstensträuchern zu schattenspendenden Nadelwäldern (s. Abb. S. 14). Die Niederschläge liefern Wasser, das Lebenselixier für Menschen, Tiere und Pflanzen, für Industrie und Landwirtschaft.

Während der Monsunzeit kann es jeden Tag gewittern, meistens nachmittags oder abends. Die Temperaturen in den Bergen kühlen dann merklich ab, erreichen tagsüber nur 15 bis 20 Grad C während in der Sonora Wüste und in Tucson oder Phoenix das Thermometer auf 35 oder mehr Grad klettert[*]. Die Sierra Madre mit insgesamt 40 Bergmassiven ist dann ein ideales Wandergebiet. Viele sind über asphaltierte Straßen erreichbar.

[*] Klimadaten im Anhang S. 86

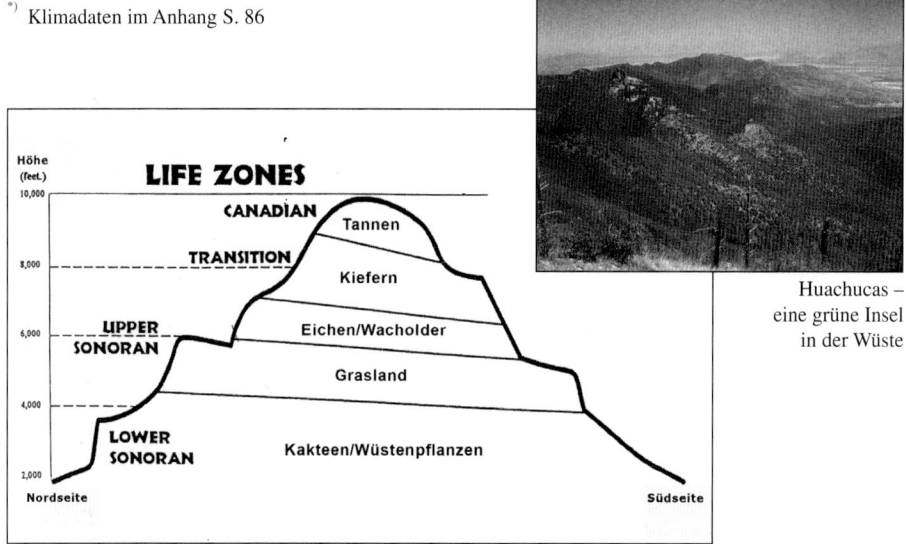

Huachucas – eine grüne Insel in der Wüste

Vegetationszonen in der Sonora Wüste (nach NFS)

Saguaros – Riesenkateen in der Sonora Wüste

Nationalparke – Eine amerikanische Erfindung

Das erste großräumige Naturschutzgebiet der Erde entstand 1872 in den USA. Der amerikanische Kongress erklärte per Gesetz ein 9.000 Quadratkilometer großes Gebiet in den Rocky Mountains mit seinen zahllosen Gysieren, heißen Quellen und blubbernden Schlammtöpfen zum Yellowstone Nationalpark. Das Land sollte in seinem ursprünglichen Zustand erhalten und für alle Zeiten vor wirtschaftlicher Ausbeutung geschützt bleiben. Es sollte aber auch „dem Vergnügen und der Erbauung der Menschen" dienen. Eine konfliktträchtige Doppelaufgabe, wie sich bald herausstellte.

Neben dem Schutz von Ökosystemen, von historischen, morphologischen und geologischen Besonderheiten sind Nationalparke zu einem wichtigen Forschungsfeld geworden, wenn es gilt, neue Erkenntnisse über Zusammenhänge, Abhängigkeiten und Wechselwirkungen von Abläufen in der Natur zu gewinnen. Die Parke erfüllen außerdem wichtige Bildungsaufgaben, vor allem in der Umwelterziehung.

Die Idee der Nationalparke hat sich inzwischen durchgesetzt. Weltweit wurden mehr als 3.000 Nationalparke geschaffen. In den USA bestehen derzeit 58. Außerdem

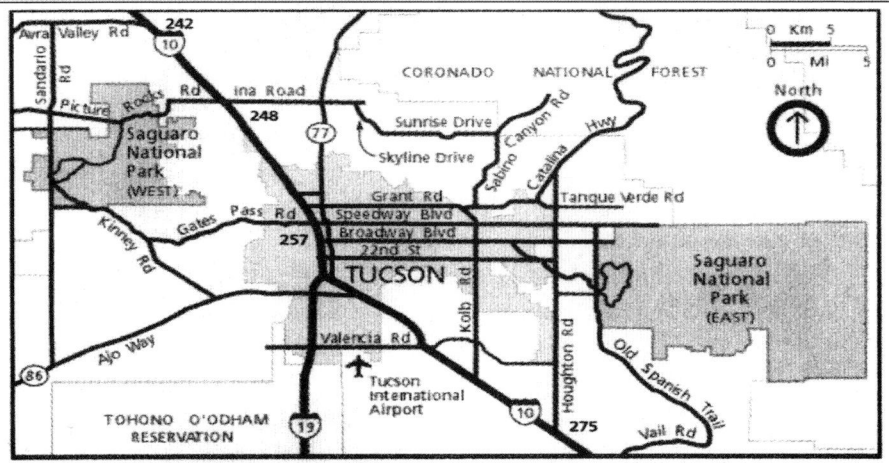

(nach The Saguaro Sentinel, NPS)

gibt es über 300 nationale Monumente: Historische, militärische und politische Schutzgebiete, Küstenabschnitte (National Seashore), Landschaftsgebiete entlang besonderer Straßen (National Parkway) und Erholungsgebiete (National Recreation Area).

Der Saguaro Nationalpark mit insgesamt 250 Kilometern Wanderwegen umfasst zwei Teile: den Tucson District (West) und den Rincon District (Ost). Sie liegen an den Stadträndern von Tucson[*], einer Großstadt in der Sonora Wüste. Sie gleichen Museen für die Tier- und Pflanzenwelt (s. Karte S. 16)

[*] Aussprache-Hilfen im Anhang S. 85

1 Auf dem Kings Canyon Trail zum Wasson Peak

 Wandern zum höchsten Berg in den Tucson Mountains. Großartige Ausblicke auf die Sonora Wüste und Tucson. Stimmungsvolle Sonnenuntergänge. Besonders attraktiv ist eine Wanderung bei Vollmond.

 Wo: Auf dem Ajo Hwy 86 bis zur Kinney Road. ⇨ Auf dieser in die Tucson Mountains bis zum Sonora Desert Museum. TH und P gegenüber dem Museumsparkplatz. Zufahrt asphaltiert.

 Wann: Ganzjährig.

 Länge/Dauer: 11 km Rundtrip. Aufstieg 1 1/2 bis 2 Std.

 Start- und Zielhöhe/Höhenunterschied: 741 m ⇨ 1.428 m. Anstieg 687 m.

 Campen: Gilbert Ray Campground im Pima County Park in der Nähe des Sonora Desert Museum.

 Karten: In der Parkzeitung „The Saguaro Sentinel" Karten mit allen Wanderwegen (kostenlos im Visitor Center). Ausserdem: DeLorme TopoUSA ⇨ Wasson Peak, AZ ⇨ N32° 16.405', W111° 8.840'.

 Internet: www.nps.gov/sago. Suchbegriffe: Tucson Mountains; Saguaro; Kitt Peak Observatory; Central Arizona Project (CAP)

Unterwegs

Der Kings Canyon Trail ist ein viel begangener Aufstieg zum Wasson Peak (1.428 m). Er beginnt gegenüber dem Desert Museum (Parkplatz). Eine alte Bergbaustraße führt zum Mam-Gash-Picknickplatz mit indianischen Wandmalereien und von hier im Kings Canyon aufwärts. Vorbei an Spuren des Bergbaus aus dem vergangenen Jahrhundert: Schächte kleiner Kupferminen, die auch Silber förderten.

Überall Palo Verde, Ironwood, Saguaros und Cholla. 70 verschiedene Kakteen-Arten wachsen in der Sonora Wüste. Höher hinauf gedeihen Pflanzen, die den Wechsel von der Strauchzone zum Grasland signalisieren: Yucca und Pancacke Prickley Pear. Vom Gipfel des Wasson Peak hat man einen atemraubenden Rundblick auf eine Wüstenlandschaft, die ganz anders aussieht als viele landläufig meinen. Bei guter Sicht sind die weißen Kuppeln der Observatorien auf dem Kitt Peak zu erkennen. Ebenso der Kanal, der Wasser aus dem Colorado River bis nach Tucson leitet.

Wer nach Sonnenuntergang den gleichen Weg zurückgeht, hat einen faszinierenden Blick auf das Lichtermeer einer Großstadt in der Wüste. Der Rückweg vom Wasson Peak über den Hugh Norris Trail zum Parkplatz bietet neue Ausblicke und ist nur 1,6 Kilometer länger.

Im Saguaro Nationalpark

Wasser für die Wüste

Andere Attraktionen

- **1 Visitor Center mit Kaktus Garten:** Informative Video-Einführung in die Landschaft und Ökologie der Sonora Wüste. Der Kakteen-Garten gibt einen Eindruck von der Artenvielfalt. Der Park bietet Besuchern eine Vielzahl von Aktivitäten. Besonders erwähnenswert ist das Junior Ranger Programm für Kinder (5 bis 8 und 8 bis 12 Jahre), das Verständnis für das Leben in der Wüste wecken will. Zufahrt asphaltiert.
- **1 Signal Hills Trail** mit prähistorischen indianischen Felszeichnungen (FF14). Zufahrt teilweise auf gut ausgebauter Staubstraße (800 m Rundweg; 10 hm).
- **1 Desert Discovery Trail** mit Info über Pflanzen, Tiere und Ökologie der Sonora Wüste. Zufahrt teilweise auf gut ausgebauter Staubstraße (800 m Rundweg).
- **1 Valley View Overlook Trail** am Bajada Loop Drive mit super Ausblicken auf das Avra Valley und den Picacho Peak. Zufahrt teilweise auf gut ausgebauter Staubstraße (1,3 km Rundweg; 30 hm).

2 Tanque Verde Ridge Trail

 Wanderweg durch drei Pflanzengesellschaften. Großartige Ausblicke auf das Becken von Tucson und die umgebenden Berge.

 Wo: In den Rincon Mountains im Osten von Tucson. Auf dem Speedway Boulevard nach Osten bis zum Ende. ⇨Nach Süden (rechts) auf die Freeman Road einbiegen und 3,6 Meilen bis zum Old Spanish Trail. ⇨Auf dieser Straße zum Parkeingang und Visitor Center (s. Karte S.16). ⇨Im Park unmittelbar nach dem Visitor Center nach rechts zum Javelina Picnic Area (ausgeschildert). Zufahrt asphaltiert (s. Karte S. 16).

 Wann: Ganzjährig.

 Länge/Dauer: 10 bis 29 km Rundweg. HTG bis GTG

 Start- und Zielhöhe/Höhenunterschied: 957 m ⇨1.485 m. 528 hm. Anstieg bis Tanque Verde Peak 1.171 m.

 Campen: Gilbert Ray Campground im Pima County Park in den Tucson Mountains, nahe Arizona Sonora Desert Museum

 Karten: In der Parkzeitung „The Saguaro Sentinel" Karten mit allen Wanderwegen (kostenlos im Visitor Center). Ausserdem: DeLorme TopoUSA ⇨Tanque Verde Peak, AZ ⇨N32° 11.822´, W110° 40.990´.

 Internet: www.nps.gov/sago; Suchbegriff: Old Spanish Trail.

Unterwegs

Der Trail beginnt im Javelina Picnic Area. Mit dem Anstieg ändern sich die Pflanzengesellschaften: Von der Busch- und Strauchvegetation mit zahlreichen Kakteen-Arten, mit peitschenförmigen Ocotillos (kein Kaktus), mit Mesquite und Agaven zum Grasland und Eichen- und Kiefernwald.

Der Weg steigt mäßig an. Um Trittschäden möglichst gering zu halten, haben ihn die Parkranger teilweise über felsigen Untergrund geführt. Steinmänner erleichtern das Orientieren. Nach fünf Kilometern erreicht der Weg den Bergrücken. Hier zweigt rechts eine Spur ab. Sie führt nach 200 bis 300 Meter auf einen kuppigen Felsen (1.485 m). Hier hat man einen großartigen Rundblick auf das Tucson Basin, auf das in ein stumpfes Graugrün eingebettete Häusermeer einer

Großstadt und die umgebenden Berge: Catalina Mountains im Norden, Tucson Mountains im Westen, Santa Rita und Whetstone Mountains im Süden. Es ist ein guter Platz für eine Pause und für den Kurzwanderer der Umkehrpunkt.

Der Ridge Trail führt weiter zum Juniper Basin (1.829 m) und Tanque Verde Peak (2.128 m; 22,5 km Rundweg, 1.219 hm).

Andere Attraktionen

- **2 Freeman Homestead Nature Trail** nahe des Javelina Picnic Area. Infotafeln beschreiben die Natur- und Kulturgeschichte des Gebietes. Es war eine Heimstätte von Siedlern vor dem 2. Weltkrieg. Besonders fotogen das „Grab" eines Saguaro. Zufahrt asphaltiert (1,6 km Rundweg; 30 hm).
- **2 Desert Ecology Trail** mit Info über das Klima und die Anpassung von Pflanzen und Tieren an das Klima der Sonora Wüste.
  Zufahrt asphaltiert (400 m).
- **2 Cactus Forest Loop Drive** führt durch einen fotogenen Saguaro-Wald in allen Wachstumsstadien. Mit skurrilen Gestalten. Vielleicht entdecken Sie auch einen Saguaro mit einer seltenen fächerförmigen Wucherung an einem Astende. Gut ausgebaute, acht Meilen lange Staubstraße. Nicht für Wagen länger als 35 ft.

Saguarowald am Cactus Forest Drive

Santa Catalinas
Grüne Insel in der Wüste

3 Bear Creek Canyon und Seven Falls

 Ein beindruckender Canyon mit senkrecht emporsteigenden Gneiswänden. Ein ganzjährig fließender Bach, der über sieben Kaskaden herunterstürzt. Wasserfälle in der Wüste, ein Naturwunder!

 Wo: In Tucson auf Speedway oder Broadway Ave. nach Osten bis Kolb. ⇨Auf Kolb nach N zur Tanque Verde Road. Auf dieser bis zum beschilderten Abzweig Sabino Canyon Road.⇨ Auf dieser zum Sabino Canyon Recreation Area mit Visitor Center und P (Gebühr). Zufahrt asphaltiert. Der TH liegt 2 3/4 km vom Sabino Canyon Visitor Center entfernt. Vom Visitor Center mit dem Bus (Gebühr) oder zu Fuß parallel zu einer für den öffentlichen Verkehr gesperrten Straße zu erreichen (s. Karte Seite 16).

 Wann: Ganzjährig.

 Länge/Dauer: Vom TH bis zu Seven Falls 6,4 km. Zum Sycamore Overlook weitere 5,4 km. HTT bis GTT.

 Start- und Zielhöhe/Höhenunterschied: 879 m ⇨1.047 m. Anstieg 214 m.

 Campen: Gilbert Rey Campground im Pima County Park in den Tucson Mountains, nahe dem Arizona-Sonora Desert Museum.

 Karten: DeLorme TopoUSA ⇨Sabino Visitor Center, AZ ⇨N32°18.655´ W110°49.107´.
Wanderkarte im Buch: Seite 22

 Internet: Suchbegriff: Santa Catalina Mountains

Unterwegs

Der Trail beginnt am Visitor Center. Er führt bis zum Bear Canyon teilweise entlang einer Straße, die für den öffentlichen Verkehr gesperrt ist. Der besonders an Wochenenden vielbegangene Weg quert mehrmals den meist nur wenig Wasser führenden Bear Creek. Unwetter haben ein kleines Wegstück ausgewaschen. Die Stelle ist unschwer zu umgehen.

Schon beim Anblick der Wasserfälle erreicht man den markierten Abzweig zu den Seven Falls. Je nach Jahreszeit stürzt oder plätschert Wasser über die metamorphen Gneisstufen in kleine Pools. Badefreuden! Ein Naturwunder in der Wüste. Und überall an den Talhängen wachsen Riesenkakteen – Saguaros – mit und ohne empor gestreckten Armen.

Seven Falls

Von dem Falls Abzweig folgt der Weg dem Bear Creek aufwärts und steigt in Spitzkehren zum Sycamore Canyon Overlook an. Den gleichen Weg zurück.

Besonders Ausdauernde folgen dem Weg weiter in das Sabino Basin und von dort in den Sabino Canyon. Von hier kann man mit dem Bus zum Visitor Center fahren. Fragen Sie vor Beginn der Wanderung im Visitor Center, ob der Weg begehbar ist. Nach heftigen Regenfällen ist der Trail oft stellenweise ausgewaschen und gesperrt (879 m ⇨ 1.468 m. 635 hm. GTT).

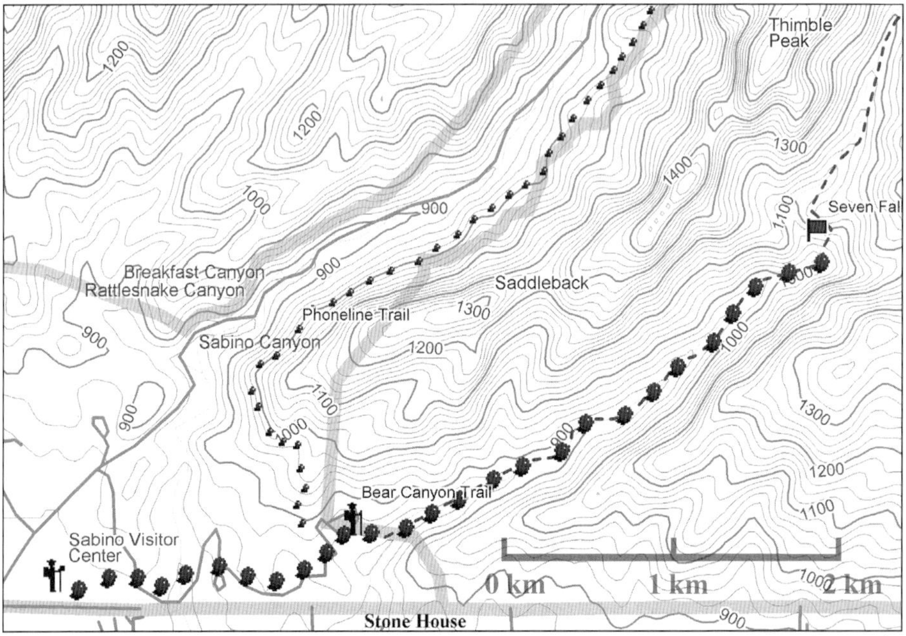

Zu den Seven Falls

3 Hutch's Pool
Badefreuden in der Wüste

 Ein viel begangener Weg in einem fotogenen Canyon zum ganzjährig gefüllten Hutch s Pool. Badehose nicht vergessen.

 Wo: Folge der Beschreibung unter Bear Creak Canyon S. 21.

 Wann: Ganzjährig.

 Länge/Dauer:
13 km Rundweg vom Ende der Sabino Canyon Road. HTT bis GTT.

Freizeitspaß im Sabino Canyon
(Foto: Rick Machle©MTCVB)

 Start- und Zielhöhe/Höhenunterschied:
1.028 m ⇨ 1.204 m ⇨ 1.136 m ⇨ 1.224 m. Anstieg: 428 m

 Campen: Gilbert Rey Campground im Pim County Park in den Tucson Mountains, nahe dem Sonora Desert Museum.

 Karten: DeLorme TopoUSA ⇨ Sabino Canyon, AZ ⇨ N32°19.338´ W110°48.590´.
Wanderkarte im Buch: Seite 24

 Internet:
Suchbegriff: Sabino Canyon

Mit dem Shuttle unterwegs

Unterwegs

Sabino Canyon ist seit vielen Jahrzehnten das Erholungsgebiet für Einheimische und ein Ziel internationaler Besucher. Seit 1978 ist die Straße in den Canyon für den öffentlichen Verkehr gesperrt. Ein Bus (Gebühr) fährt vom Visitor Center bis zum Ende der Straße und dem TH.
Der Weg führt in Spitzkehren steil aufwärts und bietet Ausblicke auf eine großartige Canyonlandschaft. Nach ca. 2,5 Kilometern im Sabino Basin eine Wegegabel. Wir folgen dem Trail nach links, passieren den Box Camp Canyon und kommen zu einer Wegegabel mit einem kurzen Abstecher nach rechts zum Hutch's Pool, der ganzjährig Badefreuden in der Wüste verspricht.
Höher hinauf wird der Wanderer Zeuge, wie eine Pflanzenart in einen neuen Lebensraum vordringt: Saguaros wachsen neben immergrünen Eichen. Ein

Anzeichen für ein Verschieben der vertikalen Verbreitungsgrenzen von Arten als Folge der erhöhten Temperaturen und des geringeren Wasserangebotes in den letzten Jahren. Wie lange wird es dauern, bis die Eichen höher hinauf ausweichen müssen (s. Klima im Wandel S. 25)?

Besonders Ausdauernde können auf dem Rückweg über den Phoneline Trail zum Visitorcenter wandern. Das sind zusätzlich 8 km, mit spektakulären Ausblicken auf den Sabino Canyon.

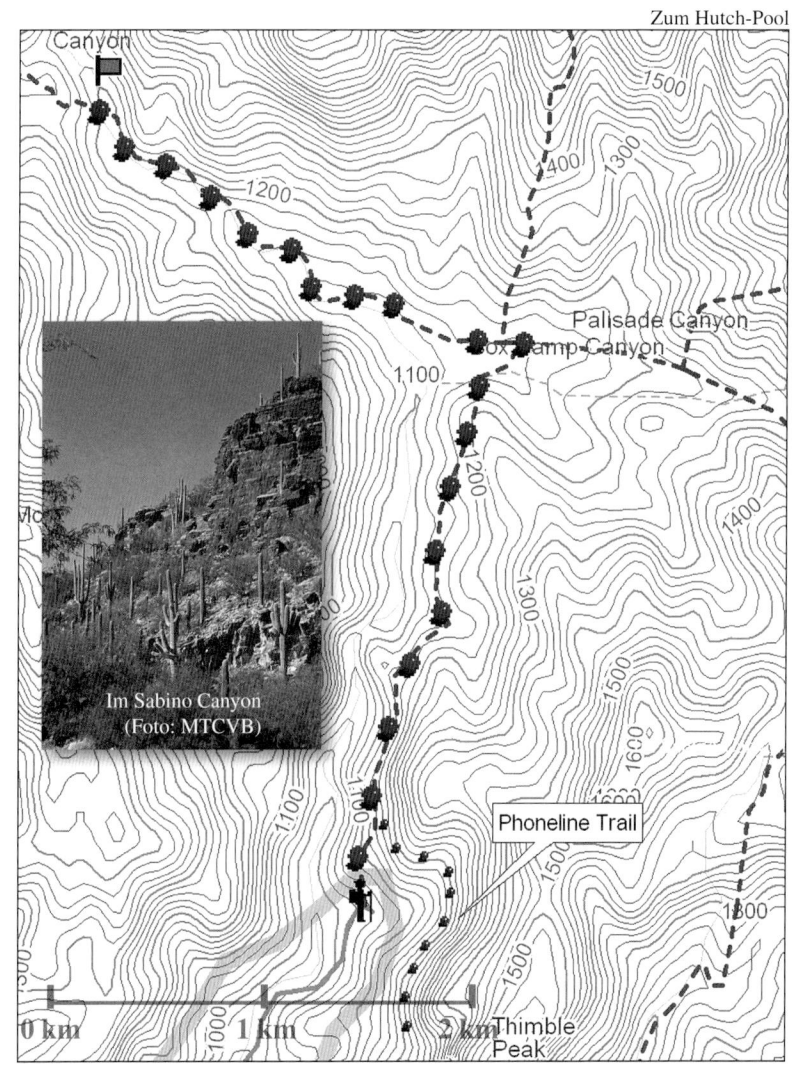

Klima im Wandel

Das Wüstenklima wird allgemein als warm und trocken beschrieben und oft nur über die Menge der Niederschläge und die Temperatur definiert. Der bedeutsamere Faktor ist jedoch die Verdunstungsrate – jene Wassermenge, die an der Erdoberfläche verdunstet. Wenn als Folge langer Sonneneinstrahlung, hoher Temperaturen und kräftiger Winde mehr Wasser verdunstet als ein Gebiet über die Niederschläge erhält, entstehen wüstenähnliche Landschaften mit entsprechend angepassten Tieren und Pflanzen.

Für den aufmerksamen Wanderer im Südwesten der USA sind die Zeichen eines sich verändernden Klimas unübersehbar. In Stauseen und Reservoirs ist in den letzten Jahren der Wasserspiegel drastisch gesunken. Im Lake Powell um rund 30 Meter. Der Colorado River schafft nicht mehr ausreichend Schmelzwasser herbei, da in den Rockies weniger Schnee fällt. Kleine Seen trocknen gänzlich aus, wie der Stoneman Lake bei Sedona. Flüsse wie der San Pedro River im Südosten von Arizona fallen früher trocken als im jahrzehntelangen Durchschnitt. Bei den höheren Sommertemperaturen steigt die Verdunstung und der Wasserverbrauch der Ufervegetation. Jim, der auf einer Farm nahe Saffort aufwuchs und später mit seiner Familie in den Pinaleño Mountains über Jahrzehnte campte: "Über die Zeit hat sich einiges geändert. Wir holten damals das Trinkwasser von den Quellen, die das ganze Jahr flossen. Heute geben viele von ihnen vor den Monsunregen nur noch spärlich Wasser – wenn überhaupt. Und er fuhr mich Ende August zu den Post Creek Fällen an Hwy 366. Das Wasser stürzte in Kaskaden kräftig herab. „Vor dem Regen floss hier nur Rinnsal."

Auch die Vegetation verändert sich. Wüstenpflanzen wie die Saguaros „klettern" mit der Wärme und der Trockenheit hangaufwärts und wachsen in ungewohnter Nachbarschaft mit Eichen und Wacholder (s. Wanderung zum Hutch s Pool, S. 23f). Auch für Wachholder und Eichen wird es über kurz oder lang „ungemütlich" trocken. Viele Samen keimen nicht mehr. Doch jene, die der Wind höher trägt, finden ihre gewohnten Lebensbedingungen. Der Wandel erfasst auch die höchsten Regionen, die Vegetationszonen mit Espen und Kiefern. In den unteren Grenzbereichen sind Kiefern mit vielen braunen Nadeln unübersehbar. Auch ihnen ist es zu warm und zu trocken. Nicht dagegen den Borkenkäfern. Sie überleben in größerer Zahl die wärmeren Winter, wachen hungrig auf und fallen über die vom Wassermangel geschwächten Bäume her. Die Wüste beginnt, die Hänge der Berge zu erobern. Ein schleichender Vorgang, den wir kaum wahrnehmen.

Und der Mensch in der Wüste? Im Großraum von Phoenix und Tucson leben heute jeweils mehr als eine Millionen Menschen. Noch ist der Zuzug in diese Städte ungebrochen. Die Temperaturen steigen, auch begünstigt vom Smoke. Auch hier hinterlässt der Klimawandel seine Spuren. Die heißen Sommertage wachsen in das Frühjahr und in den Spätsommer und Herbst hinein. Die Bewohner suchen in dieser Zeit in größerer Zahl höher gelegene Gebiete auf. Die Zahl von Waldbränden steigt – verursacht von Blitzen und unachtsamen Campern. Die Forstverwaltungen verfügen ein umfassendes Feuerverbot, das auch das Rauchen in den Wäldern einschließt. Wer sich nicht daran hält, muss mit einer Geldstrafe bis zu 5000 Dollar rechnen. Vereinzelt verzichten Gemeinden auf das traditionelle Feuerwerk zum Unabhängigkeitstag am 4. Juli. Immer mehr Campingplätzen der Forstverwaltungen liefern den Besuchern kein Trinkwasser mehr – trotz vorhandener Einrichtungen. Las Vegas verbietet das Anlegen von Rasenflächen vor dem Haus. Wasser wird Mangelware. Die Quellen geben nicht mehr ausreichend Wasser. Die Zeichen sind unübersehbar!

Zusätzliche Info siehe ‚In Paradies auf Abruf' (siehe Literaturhinweis Seite 87).

3 Pima Canyon

 Am Stadtrand von Tucson, trotzdem nicht überlaufen. Im Winter und Frühjahr fließendes Wasser mit üppiger Vegetation an den Bachrändern. Ausblicke auf das Becken von Tucson.

 Wo: Von der Oracle Road (Hwy 89N) nördlich der Ina Road ⇨ auf die Magge Road einbiegen und auf dieser 1,5 Meilen bis zum Ende. P und TH. Zufahrt asphaltiert.

 Wann: Oktober bis April

 Länge/Dauer: Bis zum Pima Saddle 10,5 km Aufstieg. Beliebig.

 Start- und Zielhöhe/Höhenunterschied: 884 m ⇨ 1.929 m. Anstieg 1.036 m.

 Campen: Gilbert Ray Campground im Pima County Park in den Tucson Mountains.

 Karten: DeLorme TopoUSA ⇨ Pima Canyon, AZ ⇨ N32°21.255´ W110°56.323´.

 Internet: Suchbegriff: Pima Canyon

Elegant Trogon, ein Gast aus den Tropen
(birdfotos)

 **Unterwegs**

Der Pima Canyon Trail beginnt am Ende der Magee Road (Parkplatz). Man kann auf diesem Weg bis zum Mount Lemmon wandern, den höchsten Punkt in den Catalinas (15 km, 1.476 hm). Im Gegensatz zum Sabino Canyon ist der Pima Canyon nicht überlaufen. Unter den Einheimischen gilt dieser Wüsten Canyon – am Stadtrand einer Großstadt – als Geheimtipp

Der Weg steigt kräftig an, quert mehrfach den Pima Creek. Er ist begleitet von einem schmalen Saum üppiger Vegetation. Für Ornithologen ist der Canyon ein Vogelparadies mit vielen Arten, die in der Sonora Desert leben oder als Zugvögel einfliegen. Hier wird augenscheinlich: Wasser bringt Leben in die Wüste. Je nach Ausdauer und Zeit kann man überall stoppen und umkehren. An vielen Stellen hat man einen atemberaubenden Blick über den Canyon bis zum Häusermeer von Tucson.

3 Auf dem Catalina Highway zum Mount Lemmon

 Eine gut ausgebaute Straße zum Mt. Lemmon, dem höchsten Berg in den Catalinas (2.835 m). Eine Fahrt durch mehrere Vegetationszonen: Von der Wüste zur gemäßigten Waldzone.

 Wo: In Tucson nach Osten bis zur Wilmot Ave.⇨Auf dieser nach Norden zur Tanque Verde Road. ⇨Auf den Catalina Highway einbiegen. Bis zum Gipfel asphaltiert.

 Wann: Ganzjährig.

 Länge/Dauer: 27 Meilen zum Mt. Lemmon, 25 Meilen zum Marshall Gulch. GTT.

 Start- und Zielhöhe/Höhenunterschied: 75 m ⇨2.785 m. 2.009 hm.

 Campen: Am MP 5,7 NF Molino Basin Campground und MP 21,3 NF Spencer Campground. Molino Basin ist von Oktober bis April, Spencer von April bis Oktober geöffnet.

Vanilleduft an Ponderosa Pine

 Karten: DeLorme TopoUSA⇨Tucson, AZ ⇨N32°13.074´ W110°58.158´ und Mount Lemmon, AZ

 Internet: Suchbegriff: Catalina Highway.

Unterwegs

Eine Fahrt auf dem rund 40 Kilometer langen Catalina Highway führt aus der sommerlichen Hitze der Wüste in kühl gemäßigte Temperaturen mit Unterschieden von 10 bis 12 Grad Celsius und durch unterschiedliche Klima- und Vegetationszonen (s. Abb. S. 14). Sie finden sich vergleichsweise in der Horizontalen von der mexikanischen Grenze bis nach Kanada wieder:

- Unterhalb MP 4 am Fuße der Catalinas die Lower Sonora Desert mit dutzenden Kakteenarten (Saguaro, Teddy Bear Cholla, Fishhook Barrel, Hedgehog), mit Mesquite und Palo Verde.

- Zwischen MP 4 und 9 die Upper Sonora Desert mit Bear Grass, Yucca, Agave, mit Zeder/Eichen-Mischwald.
- Zwischen MP 9 und 16 eine Übergangszone mit Eichen/Zeder/Kiefern-Mischwald.
- Oberhalb MP 16 die Canadian Zone mit Aspen, Douglasien, Kiefern und Tannen.

Neben der Höhe über dem Meeresspiegel beeinflussen Luftfeuchtigkeit, Menge des vorhandenen Wassers, der Nährstoffgehalt der Böden und die Exposition des Hanges nach Süden oder Norden das Wachstum. Es lohnt sich, an den zahlreich vorhandenen und beschilderten Aussichtspunkten längs der Straße anzuhalten und die aufgestellten Infotafeln zu lesen. Ein Fernglas ist nicht nur für den Vogelkundler hilfreich.

Am Catalina Highway

3 Zum Lemmon Rock Lookout Tower

 Beeindruckende Ausblicke über die Südhänge der Catalinas, auf das Tucson Basin, die Rincons, die Huachucas und die Santa Rita Mountains.

 Wo: Kurz vor Summerhaven zweigt der Catalina Highway zum Ski Area und zum Mount Lemmon ab. Am Ende der asphaltierten Straße parken.

 Wann: Frühjahr bis Herbst.

 Länge/Dauer:
2 km bis zum Lookout. 1 1/2 Std. Rundweg.

 Start- und Zielhöhe/Höhenunterschied:
2.768 m ⇨ 2.207 m. Anstieg 561 m.

 Campen: Mehrere NF Campingplätze entlang des Catalina Highway.

 Karten: DeLorme TopoUSA
⇨ Mount Lemmon, AZ
⇨ N32°26.588´ W110°47.307´.

 Internet: Suchbegriffe: Mount Lemmon; Forest Fire Lookout; Osborne Firefinder.

Unterwegs

Wenige Meter nach Süden unterhalb des Parkplatzes kommt man auf eine ehemalige Jeepstraße. Dieser nach rechts (Westen) ca. 100 Meter bis zu einer Felsnase folgen. Dann einen Pfad entlang eines Zauns wieder bis zu einer Jeepstraße gehen. Auf dieser nach links zu einer markierten Y-Wegegabel. Links abwärts der Mt. Lemmon Trail, der zum Lemmon Rock Trail und Lemmon Rock Lookout Tower führt.

Der 1928 errichtete Feuerwachtturm steht unter Denkmalschutz. Es ist ein Einraumhaus mit Arbeitsplatz, Küche und Schlafstelle. Der Tower – einer von 50 in Arizona – ist noch in Betrieb. Mit Hilfe eines Osborne Firefinder kann der Feuerwächter Waldbrände lokalisieren und der Zentrale melden. Aldo Leopold hat bereits 1920 auf die ökologische Bedeutung des Feuers hingewiesen. Heute werden deshalb nicht mehr alle durch Blitzeinschlag gezündete Wildfeuer bekämpft.

3 Vom San Pedro Vista zum General Hitchcock Campground

 Eine leichte Wanderung durch mehrere Vegetationszone. Fast nur bergab, wenn man ein Auto am General Hitchcock Campground parkt.

 Wo: Am Catalina Highway, MP 17,5, am San Pedro Vista.

 Wann: Ganzjährig.

 Länge/Dauer: 6 km. 2 Std.

 Start- und Zielhöhe/Höhenunterschied:
2.241 m ⇨2.261 m ⇨1.818 m. Anstieg 20 m.

Kletterparadies am San Pedro Vista

 Campen: NF General Hitchcock Campground

 Karten: DeLorme TopoUSA
⇨San Pedro Vista,
AZ ⇨N32° 24.055´ W110 ° 41.490´

 Internet: Manzanita.

Unterwegs

Der Upper Green Mountain TH liegt ca. 200 Meter vom San Pedro Vista entfernt – die Straße abwärts. Der Trail steigt im Granit Grus steil an. Es gibt mehrere Wegspuren. Oben angekommen, steht man unmittelbar vor fotogenen Granitfelsen, die zum Kraxeln einladen. Vom höchsten Punkt geht es meistens abwärts mit Ausblicken in das San Pedro Valley und auf die Galiuro Mountains. Zwischendurch ein kurzer Anstieg zum Bear Saddle. Anfangs führt der Weg durch lichte Kiefern- und Douglasienbestände, später durch Eichen, Zeder, Manzanita und Yucca. An allen Wegverzweigungen halten wir uns rechts. Ein Seitenweg führt zur Maverick Spring, die gewöhnlich Wasser hat. Der Trail endet im Hitchcock Campground oder in einem nahe gelegenen Picknickplatz. Wer hier nicht einen zweiten Wagen geparkt hat, muss entweder den gleichen Weg zurückgehen oder als Anhalter sein Glück versuchen.

Andere Attraktionen

- **3 Marshall Gulch Picnic Area:** Ca. 1/2 Meile nach Summerhaven endet die Straße im Marshall Gulch Picnic Area mit einem auch im Sommer fließenden Bach. Ein idealer Platz für Familien. Hier beginnen drei kurze, viel begangene Wanderwege: Sunset, Aspen und Marshall Gulch Trail. Zufahrt asphaltiert.
- **3 Aspen und Marshall Gulch Trail:** Die TH's liegen nur wenige Meter voneinander entfernt. Beide Wege lassen sich zu einem Rundweg verbinden. Der Anstieg über den Aspen Trail ist steil, über den Marshall Gulch Trail geht es gemächlich aufwärts (6 km Rundweg; 251 hm. 2 Std.).
- **3 Sunset Trail** führt ein paar Meter bachabwärts und verliert sich scheinbar. Man muss über den Bach und dann 20 Meter über Granitfelsen weiter abwärts bis der Weg wieder gut erkennbar ist. Eindrucksvolle Ausblicke auf Granitfelsen und in den Marshall Gulch (4 km Rundweg. 1 1/2 Std.).

Am Sunset Trail

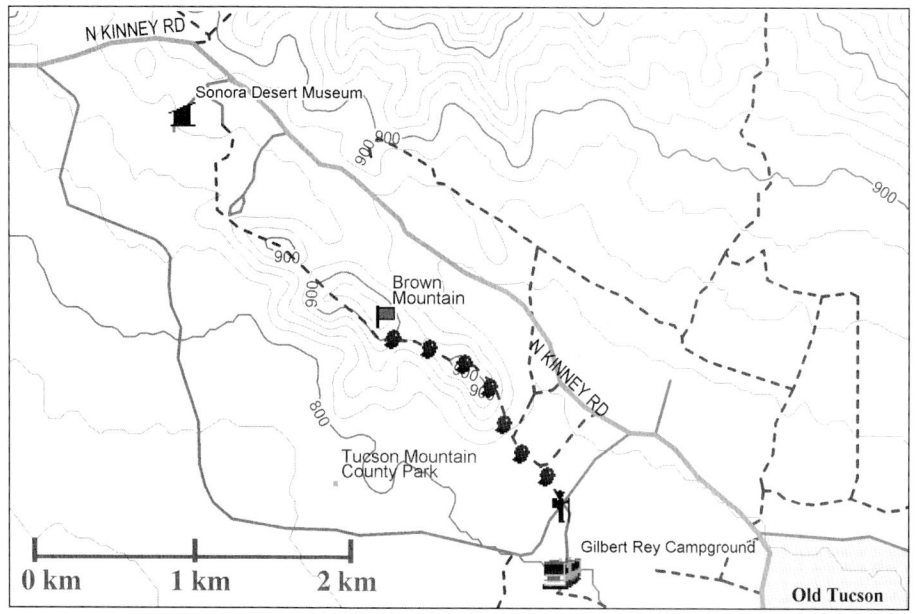

Am Brown Mountain Trail

Tucson und Umgebung

1 Sonnenuntergang am Brown Mountain

Eine kurze Wanderung, um einen Sonnenuntergang in der Wüste zu beobachten. Besonders farbenprächtig während der Regenzeit im Juli/August. Ausblick auf das Arizona-Sonora Desert Museum.

Wo: Auf dem Ajo Hwy 86 bis zur Kinney Road. ⇨ Auf dieser in die Tucson Mountains und zum Gilbert Ray Campground abbiegen. TH und P. Zufahrt asphaltiert.

Wann: Ganzjährig.

Länge/Dauer: 3 km Rundweg. 1 Std.

Start- und Zielhöhe/Höhenunterschied: 800 m ⇨ 931 m. Anstieg 131 m.

Campen: Gilbert Ray Campground im Pima County Park.

Barrel Cactus – ein Stachelpanzer

Karten: DeLorme TopoUSA
⇨ Brown Mountain, AZ
⇨ N32°14.005´ W111°9.357´.
Wanderkarte im Buch: Seite 31

Internet: www.nps.gov/sago.
Suchbegriffe: Tucson Mountains; Saguaro; Kitt Peak Observatory; Central Arizona Project (CAP).

Unterwegs
Es gibt mehrere markierte TH. Wer im Gilbert Ray Campground campt, braucht das Auto nicht zu bewegen. Ein TH liegt an der Zufahrt zum Campingplatz. Der Weg quert einen Wash, führt durch die typische Strauch- und Buschvegetation der Sonora Wüste mit verschiedenen Kakteen-Arten, mit Creosote, Mormon Tea, Jojoba, Mesquite und Palo Verde. Der Pfad geht in Spitzkehren aufwärts und erreicht über einen Vorgipfel den 931 Meter hohen Brown Mountain.

1 Arizona-Sonora Desert Museum
Freilandmuseum der Spitzenklasse

 Eines der schönsten und interessantesten Freilandmuseen der Erde.

 Wo: Auf dem Ajo Hwy 86 bis zur Kinney Road. ⇨Auf dieser bis zum Museum. Zufahrt asphaltiert.

 Wann: Ganzjährig. Offen 7:30 bis 17 Uhr. Gebühr. Kinder unter 6 Jahren frei.

 Länge/Dauer: HTT bis GTT.

 Campen: Gilbert Ray Campground.

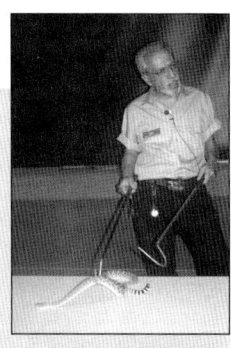
Freiwillige Helfer erklären die Bedeutung von Schlangen im Ökosystem Wüste

 Karten: Wegekarte kostenlos an der Kasse.

 Internet: www.desertmuseum.org; Suchbegriff: Arizona-Sonora Desert Museum.

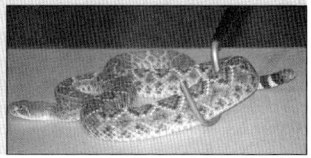

Unterwegs
Es werden Tiere und Pflanzen aus den verschiedenen Lebenszonen der Sonora Wüste gezeigt und mit kurzen Texten verständlich erklärt. Gut ausgebildete, freiwillige Helfer versuchen mit Life-Aktionen – z. B. Klapperschlange, Eule u. a. Tieren – anschaulich bei den Besuchern ein Verständnis für das Leben und Überleben im Ökosystem Wüste zu entwickeln.

Andere Attraktionen

- **4 Mission San Xavier del Bac**, genannt „The White Dove of the Desert" – eines der schönsten Bauwerke spanisch-kolonialer Architektur. Zeugnis für den Missionserfolg spanischer Jesuiten und Franziskaner bei den Tohono O'odham Indianern (Papagos). Ein Gottesdienst wird zu einem besonderen Erlebnis. Offen 7 bis 17 Uhr. www.sanxaviermission.org (FF4 und FF31)
- **4 Arizona State Museum** am Universitäts-Campus (Park Ave./University Blvd.) mit zahlreichen indianischen Artefakten. Offen Mo-Sa 10 bis 17, Sonntag 12-17 Uhr. Spende. www.statemuseum.arizona.edu

- **4 Tohono Chul Park** 7366 N. Paseo del Norte. Ein Geheimtipp mit vielen Überraschungen. Gebühr. Unter 5 Jahren frei. Offen 8 bis 17 Uhr.
- **4 Pima Air & Space Museum:** 6000 E. Valencia. Offen 9 bis 17 Uhr. Gebühr. Unter 6 Jahren frei. www.pimaair.org
- **4 Tuscon's Hispanic Culture Center:** 949 E. 2nd St. Mo bis Sa 10 bis 16 Uhr. Gebühr. Unter 12 Jahren frei.
- **4 Old Tucson Studios** an der Kinney Road nahe Sonora Desert Museum mit Wild-West Filmkulisse (10 bis 18 Uhr). www.oldtucson.com
- **4 Mariachi Folklore Festival** Ende April. Ein spektakuläres Ereignis. www.tucsonmariachi.org
- **5 Titan Missile Museum,** Zeugnisse aus dem Kalten Krieg 1963-1987 zwischen USA und Sowjetuinon. An I-19, Ausfahrt Sahuarita. Gebühr. Offen 9 bis 16 Uhr. www.titanmissilemuseum.org und www.atomictourist.com/titan
- **6 Biosphere 2** – Traum vom Leben auf einem anderen Planeten. Versuch, ein funktionierendes Ökosystem künstlich zu schaffen. 35 Meilen nördlich von Tucson auf Oracle Road bis MP 96,5. Beschilderte Zufahrt. Ein interessantes Projekt zum Studium ökologischer Kreisläufe (in „Unterwegs im Wilden Westen", Band I, ausführlich beschrieben). Gebühr. Kinder unter 5 Jahren frei. Offen täglich 9 bis 17 Uhr. Infos: www.bio2.com
- **7 Cowtown** – Eine Wildwest Ranch zum Anfassen und ein paar Fotos wert. An Hwy 86 westlich von Tucson an MP 141/142 auf Coleman Road einbiegen und dem Schild Cowtown Keeylocke folgen. Im Band 1 von „Unterwegs im Wilden Westen" ausführlich beschrieben. Zufahrt nicht asphaltiert.
- **8 Kitt Peak Observatory** an Hwy 86 und 386, 56 Meilen westlich von Tucson. Sternwarte. Täglich Touren um 13 Uhr 30. Dauer 1 1/2 Std. Offen täglich 9 bis 16 Uhr. Spende. Karte: DeLorme TopoUSA ⇨Kitt Peak, AZ⇨N31°57.838´ W111°35.991´. Zufahrt asphaltiert. www.noao.edu/kpno

Kitt Peak Observatorien

Tucson
Herz der Sonora Wüste

Im Zentrum der Sonora Wüste liegt Tucson. Eine Stadt, die 1775 gegründet wurde. 1945 lebten hier kaum 50.000 Einwohner. Heute wohnen im Großraum von Tucson über 1 Million. Viele kamen als Besucher, fielen „in Love to Tucson and the Southwest" und blieben (FF 2).

Tucson verspricht 350 Sonnentage im Jahr. Man muss schon Glück haben, um einen Tag ohne Sonnenschein zu erwischen. Von Ende September bis Anfang Mai wird es tagsüber angenehm warm. Nachts kühlt es ab und Energiesparer öffnen abends die Fenster und lassen die Kühle ins Haus.

Im Sommer wird es heiß. Die steigenden Temperaturen werden bei geringer Luftfeuchtigkeit als nicht unangenehm empfunden. Der Monsun bringt im Juli und August Regen vom Golf von Mexiko in den Süden von Arizona. Bei steigender Luftfeuchtigkeit wird es schwülwarm. Nachts fällt die Temperatur nur unwesentlich. Wer es kühler mag, schaltet die Klimaanlage an oder fährt in die Santa Catalina Mountains, das Hausgebirge der Einheimischen. 2.000 Meter über Wüste und der Stadt kühlt es in den Catalinas abends erfrischend ab. „Snowbirds" und viele Rentner fliehen vor der Sommerhitze und gehen auf die Reise nach Norden in kühlere Regionen.

In Abständen von 10 bis 15 Jahren – statistisch gesehen – schneit es auch in Tucson. Dann tragen Saguaros, Palmen, Zitronen- und Orangenbäume weiße Hauben. Bis zum Nachmittag. Nur Schneemänner, von Studenten am Campus modelliert, erleben den nächsten Tag.

Es ist das Klima, das viele „Snowbirds" nach Tucson lockt – für den Winter oder den Rest ihres Lebens. Tucson, die älteste Siedlung in Arizona und nach Phoenix die zweitgrößte Stadt, ist ein kultureller Mittelpunkt mit zahlreichen Attraktionen und Angeboten. Für den Wanderer eine willkommene Gelegenheit, den Wanderstiefeln eine Pause zu gönnen.

Old Tucson Studios Gunfight (Foto MTCVB)

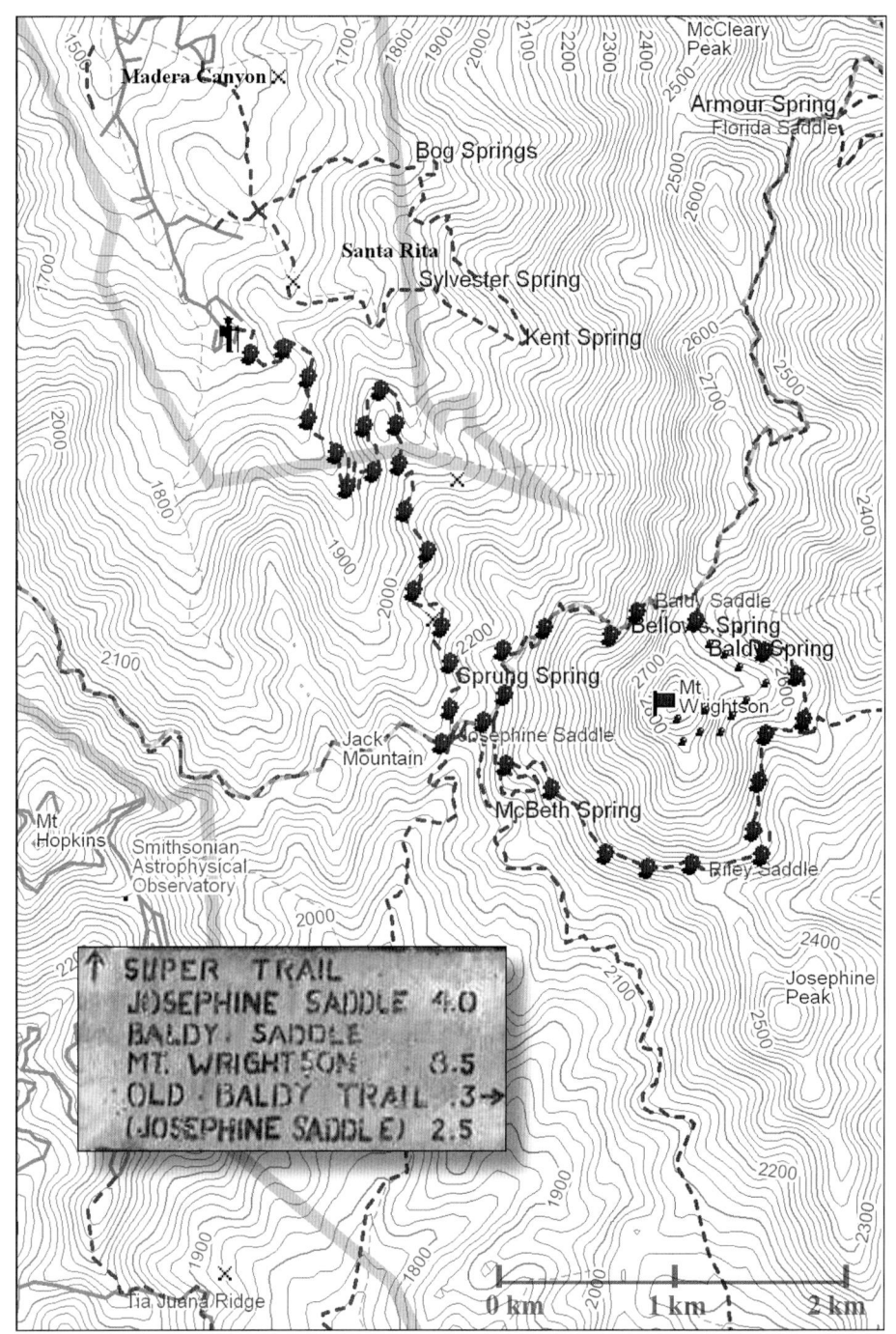

Duch den Madera Canyon zum Mt. Wrightson

Santa Rita und Tumacacori Mountains

9 Mount Wrightson
Wanderhighlight in den Santa Ritas

Der höchste Berg in den Santa Rita Mountains. Panorama-Rundblick über die Sonora Wüste. Der Madera Canyon ist ein Eldoreado für Ornithologen.

Wo: Ca. 35 Meilen südlich von Tucson. Von Tucson auf der I-19 nach Süden bis zur Green Valley Ausfahrt. ⇨ Auf die Madera Canyon Road einbiegen und bis zum Ende folgen. P und TH. Zufahrt asphaltiert.

Wann: März bis Dezember.

Länge/Dauer:
10,4 km zum Gipfel. 6 bis 7 Std. Rundweg.

Start- und Zielhöhe/Höhenunterschied:
1.646 m ⇨ 2.885 m. Anstieg 1.239 m.

Campen:
NF Bog Springs Campground im Madera Canyon.

Karten: DeLorme TopoUSA ⇨ Mount Wrightson, AZ
⇨ N31°756´ W110°50.893´.
Wanderkarte im Buch: Seite 36

Internet: Suchbegriffe: Santa Rita Mountain; Madera Canyon.

Unterwegs

Der viel begangene und ausgeschilderte Trail beginnt am Nordende des Parkplatzes. Er folgt einem Seitencanyon des Madera Canyon mit Walnussbäumen, Platanen und Eschen. In höheren Lage wachsen Eichen, Eiben, Douglasien und Kiefern. Der Canyon ist ein Vogelparadies. Ornithologen aus vielen Teilen der USA reisen an, um seltene Vögel wie beispielsweise den Elegant Trogon zu beobachten (Foto S. 26 und FF6).

Im Josephine Saddle folgen wir dem Trail links (#78). Nach einigen hundert Metern wieder ein Abzweig. Wir gehen rechts (#94) zum Baldy Saddle und weiter aufwärts zum baumlosen Gipfel mit einem spektakulären Rundblick auf die Santa Ritas mit dem Observatorium auf dem Mount Hopkins, die Catalinas, Dragoons, Huachucas mit Miller Peak und die Sonora Wüste bis nach Mexiko. Die von weiten Ebenen umgebenen Santa Ritas erlauben Ausblicke über Hunderte von Kilometern.

Auf dem Rückweg kann man kurz vor dem Badly Saddle rechts auf dem bequemen aber etwas längeren Super Trail zum Josephine Saddle und dann zum Ausgangspunkt zurückgehen. Am Josephine Saddle erinnert eine Gedenktafel an Boy Scouts, die hier im Schneesturm umkamen.

Der Southern Arizona Hiking Club veranstaltet alljährlich ein „Gipfel-Schnellgehen". Ein Mitglied schaffte den Aufstieg in knapp einer Stunde.

10 Zum Atascosa Lookout in den Tumacacoris

Großartiger Ausblick bis weit nach Mexiko.

Wo: Auf der I-19 von Tucson nach Süden bis Ausfahrt 12 (Peña Blanca Recreation Area). ⇨ Auf der asphaltierten 289 bis MP 10. ⇨ Links auf die FR 39 einbiegen und 4,8 Meilen bis zum P und TH. FR 39 ist nicht asphaltiert. Stellenweise gibt es Waschbretter und Schlaglöcher. Zufahrt nicht für große Wohnwagen geeignet.

Wann: Zu jeder Jahreszeit.

Länge/Dauer:
3,9 km zum Lookout. Aufstieg 1 1/2 Std.

Start- und Zielhöhe/Höhenunterschied:
1.433 m ⇨ 1.905 m. Anstieg 572 m.

Aufstieg zum Atascosa Lookout

Campen: Von freiem Campen im Grenzbereich zu Mexiko wird abgeraten. Am Beginn der FR 39 ein einfacher Campingplatz. Weitere Campingplätze in Nogales.

Karten: DeLorme TopoUSA ⇨ Atascosa Peak, AZ ⇨ N31°25.956´ W111°8.856´.
Wanderkarte im Buch: Seite 40

Internet: Suchbegriffe: Tamacori Mountains.

Agaven brauchen 5 bis 80 Jahre, um einmal in ihrem Leben zu blühen.

Unterwegs

Bei MP 4,8 ist links eine kleine Parkbucht. Der TH liegt gegenüber. Der teilweise steinige und stark überwachsene Trail beginnt im Grasland, passiert einen Wald mit Occotillos und bietet Ausblicke bis zu den felsigen Patagonia Mountains. Der Pfad erreicht die gelbbraun gefärbte Rhyolith-Klippen, erklimmt sie in Spitzkehren und führt entlang des Plateaurandes auf die Felsspitze. Hier steht der verlassene Lookout Tower mit Gästebuch und einem spektakulären 360-Grad Ausblick mit Kitt Peak, Santa Rita, Santa Catalina und Rincon und weit nach Mexiko. Der amerikanische Schriftsteller Edward Abbey hielt hier in den 50ern des 20. Jahrhunderts als Feuerwächter Ausschau nach Waldbränden. Seinen Umwelt-Krimi „Die UniversalSchraubenSchlüsselBande" kennen auch deutsche Leser (s. Literaturhinweis S. 87).

Wer auf der FR 39 vier Meilen nach Westen fährt, kommt zur Sycamore Canyon Road (FR218). Hier parken und auf einer Jeep Road knapp 1 Kilometer bis zu den Ruinen der Hank und Yank Ranch wandern. Hank and Yank waren Trapper, die hier in den 1880ern siedelten, aber vor den Apachen flüchten mussten.

Andere Attraktionen

- **11 Nogales: Zwei Grenzstädte – Zwei Welten** und ein Kulturschock. Einkaufsparadies (Alkohol, Lederwaren, Schmuck, Kleidung). Für die Einreise nach Mexiko ist eine zusätzliche Autoversicherung erforderlich.
- **12 Tubac** an der I-19 zwischen Tucson und Nogales. Von den Spaniern gegründet, ist der Ort heute eine Stadt der Künstler und der Kunst. Historische Bauten. www.tubac.org

- **12 Tumacacori National Historical Park** bei Tubac. Jesuitenpater Kino gründete hier 1691 eine Mission. Franziskaner begannen um 1800 mit dem Bau einer mächtigen Kirche. Sie ist als Ruine erhalten. Gebühr. Unter 16 Jahren frei. Offen täglich 8 bis 17 Uhr. An der I-19, Ausfahrt 26. www.nps.gov/tuma

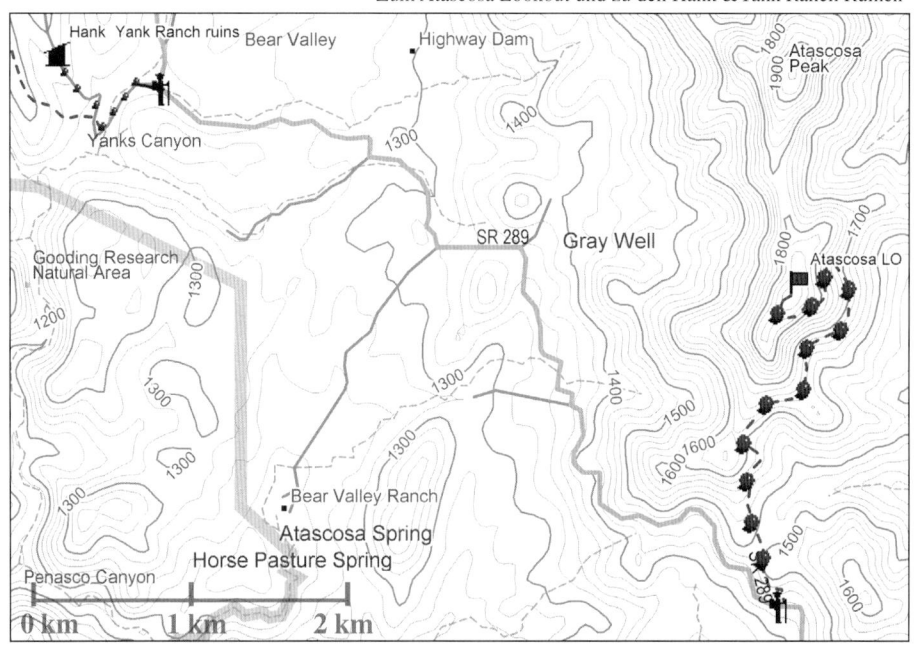

Tumacacori, heute eine Kirchenruine

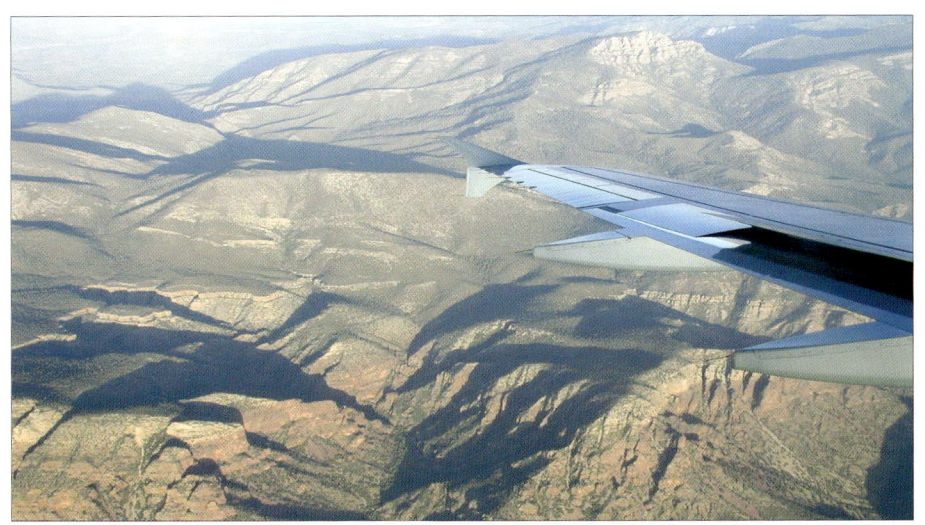

FF 1 Über der Großen Amerikanischen Wüste (Foto Hessberger)

FF 2 Tucson am Fuße der Catalina Mountains (Foto Steve Renzie©MTCVB)

FF 3 Ankunft des Weißen Mannes

FF 4 Mission San Xavier del Bac

FF 5 Farbzauber in der Sonora Wüste (Foto Bruce Griffin©MTCVB)

FF 6 Kakteenwald im Organ Pipe Cactus National Monument

FF 7 Volenteer mit Saguaro-Karkasse

FF 8 In der Sonora Wüste (Foto NPS)

FF 9 Sonnenuntergang (Foto Fred Hood©MTCVB)

FF 10 Unterwegs im Madera Canyon (Foto Fred Hood©MTCVB)

FF 11 Im Schatten einer Zeder (Foto Henning)

FF 12 Trailregister

FF 13 Felsenmeer in den Chiricahuas (Peter Noebles©MTCVB)

FF 14 Indianische Felszeichnungen an den Signal Hills (James Randklev©MTCVB)

FF 15 Badefreuden im Sabino Canyon (Foto Rick Mechle©MTCVB)

FF 16 Gunfighter unterwegs

FF 17 Coral Pink Sand Dunes

FF 18 Wandern in den Great Sand Dunes

FF 19 Frühling in der Sonora Wüste
(Foto Martha Lochert©MTCVB)

FF 20 Gipfelrast am Piestewa Peak (Foto Yelp)

FF 21 Organ Pipe Kaktus

FF 22 Ocotillo – Kein Kaktus

FF 23 Yuccablüten für einen köstlichen Salat

FF 24 Kingsnake am Stamm einer Alligator Zeder

FF 25 Eidechse (Colored Lizard)

FF 26 Elegant Trogon –
Gast aus den Tropen (birdfotos)

FF 27 Kojote oder Heulwolf

FF 28 Kartchner Caverns (Foto MTCVB)

FF 29 Seven Falls im Bear Canyon

FF 30 Casa Grande Ruins

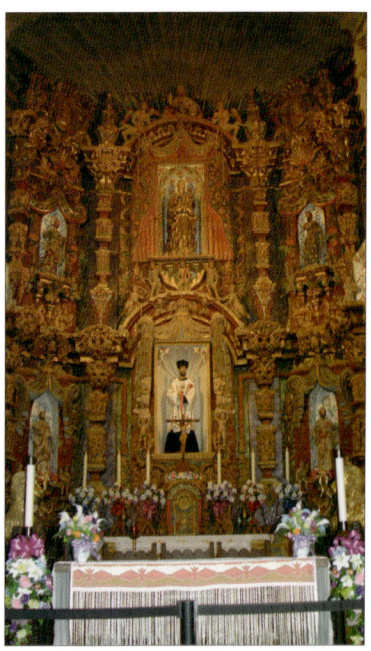

FF 31 Mission San Xavier del Bac

Huachuca Mountains an der Grenze zu Mexiko

13 Auf dem Crest Trail zum Miller Peak

Eine grüne Insel über der Wüste. Großartige Ausblicke bis nach Mexiko.

Wo: Von Sierra Vista auf Hwy 92 ca. 15 Meilen nach Süden bis MP 334/335. ⇨Nach rechts auf die markierte Straße zum Coronado National Memorial einbiegen. Auf dieser teilweise asphaltierten und kurvenreichen Straße zum Montezuma Pass mit P und TH. Zufahrt nicht mit großem Wohnwagen.

Wann: März bis Spätherbst

Länge/Dauer: 17 km Rundweg. GTT.

Start- und Zielhöhe/Höhenunterschied:
2.005 m ⇨ 2.882 m. Anstieg 877 m.

Campen: Freies Campen in den Huachuca Mountains ist nicht zu empfehlen.
NF Campingplätze am Anfang und Ende der Carr Canyon Road oder Kartchner Caverns State Park.

Karten: DeLorme TopoUSA ⇨ Montezuma Pass, AZ ⇨ N31°21.023´ W111°17.105´.
Wanderkarte im Buch. Seite 42.

Internet: Suchbegriffe: Coronado National Memorial; Huachuca Mountains; Fort Huachuca. www.nps.gov/coro

WARNING
Smuggling and/or illegal entry is common in this area due to the proximity of the international border.

Please be aware of your surroundings at all times and do not travel alone in remote areas.

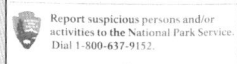

Report suspicious persons and/or activities to the National Park Service. Dial 1-800-637-9152.

Warnung vor Schmugglern und illegalen Grenzgängern

Unterwegs

Miller Peak ist mit 2.885 Metern der höchste Gipfel in den Huachuca Mountains (sprich wa-TSCHU-ka), unmittelbar an der Grenze zu Mexiko gelegen. Schmuggler und eine große Anzahl illegaler Einwanderer queren die nahe gelegene Grenze und nutzen teilweise den Crest Trail. Auf dieser Wanderung ist Vorsicht geboten. Kontakte mit Unbekannten vermeiden.

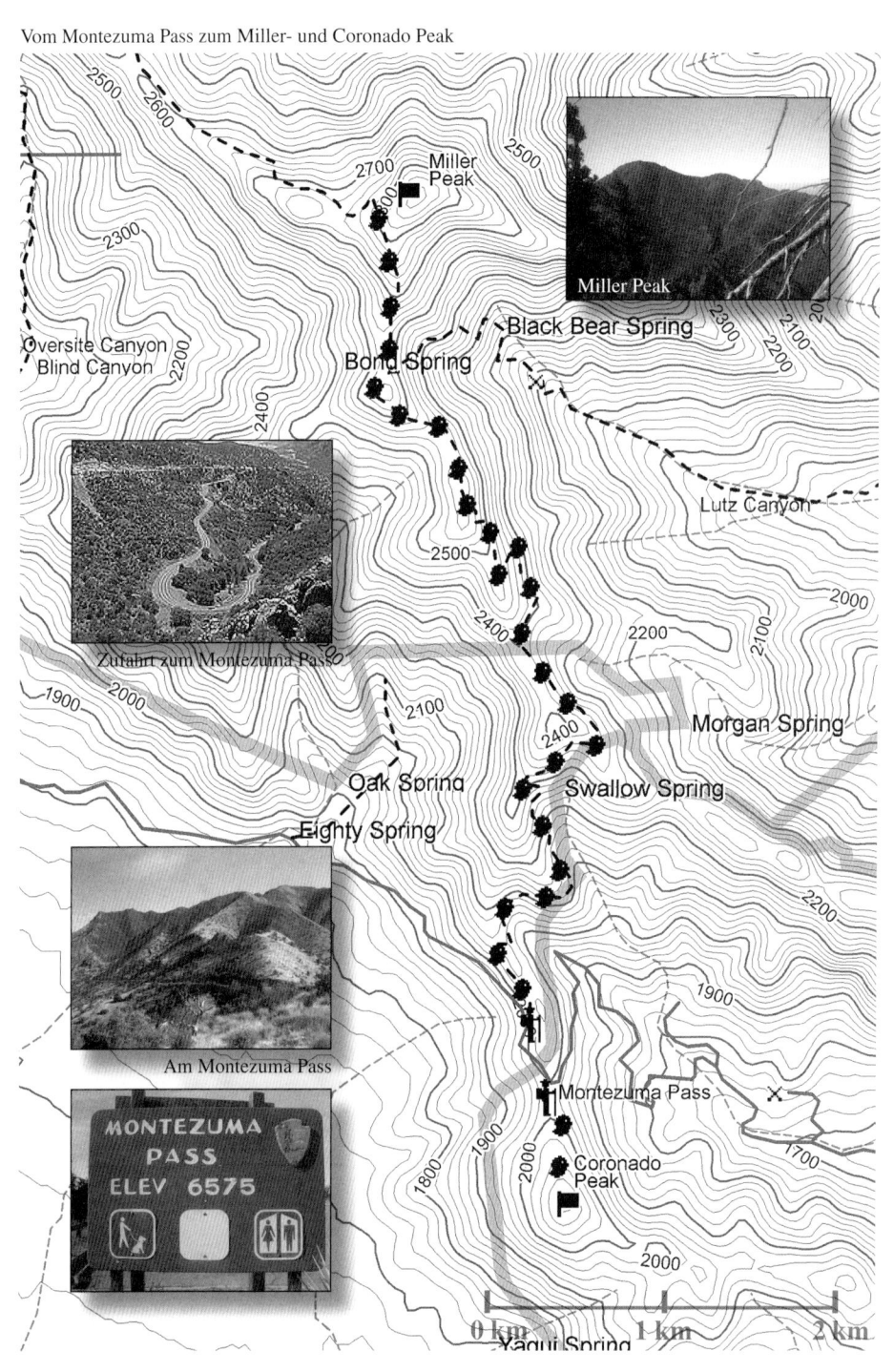

Vom Montezuma Pass zum Miller- und Coronado Peak

42

Ein Start möglichst vor Sonnenaufgang spart Schweiß. Der Aufstieg beginnt an der Nordseite an einem grasbedeckten, schattenlosen Hang – vorbei an mehreren Bergbauschächten. Der Crest Trail führt in einen Sattel und von dort in Spitzkehren weiter aufwärts mit attraktiven Blicken in den Montezuma Canyon. Der Weg erreicht den Hauptrücken der Huachuca Mountains, dem er bis zum Miller Peak folgt. Die unterschiedlichen Vegetationsgesellschaften zu beiden Seiten des Rückens sind eine Folge extrem unterschiedlicher Sonneneinstrahlung. Kurz vor dem Abzweig zum Peak (rechts) passiert der Weg ein felsiges Granitterrain. Von dieser Y-Wegegabel geht es nochmals 300 Meter leicht aufwärts zum Gipfel.

Tipps

- Am Montezuma Pass Overlook beginnt der Coronado Peak Trail. Info-Tafeln geben Auskunft über die spanische Coronado Expedition 1540-1542 (FF 3). Vom Gipfel hat man einen großartigen Panorama-Rundblick auf das Grasland im San Pedro und San Rafael Valley und auf die Sierra Madre. Die Zufahrt ist kurvenreich und nur teilweise asphaltiert. Nicht mit großem Wohnwagen (Rundweg 1,3 km; 87 hm).
- Das Visitor Center im Coronado National Memorial Park – an FR 61 auf dem Weg zum Monte zum Pass – bietet umfassende Informationen über die Coronado Expedition. Zufahrt asphaltiert. www.nps.gov/coro
- Coronado Cave Trail: Er führt vom Visitor Center zu einer knapp 200 Meter langen Höhle. Anmeldung im Visitor Center erforderlich (2,4 km Rundweg; 143 hm).

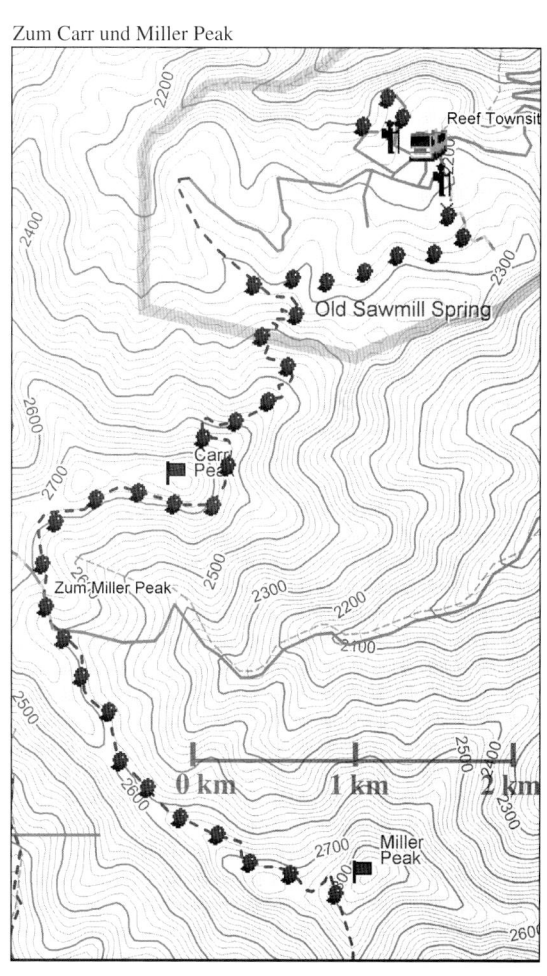

Zum Carr und Miller Peak

13 Carr Peak und Reef Townsite

Ausblick auf die Patagonias, Santa Ritas, die Whetstones und die Dragoons – grüne Berginseln in der Wüste.

Wo: Von Sierra Vista auf Hwy 92 acht Meilen nach S. Nach der Sierra Vista Ranger Station zwischen MP 328/329 ⇨rechts auf die nur anfangs asphaltierte Carr Canyon Road abbiegen. Nach 6,5 Meilen gegenüber dem Campingplatz links der TH und P. Zufahrt steil mit Haarnadelkurven. Nur für Wagen mit hoher Bodenfreiheit. Nicht für Wohnwagen geeignet.

Wann: Frühjahr bis Spätherbst.

Länge/Dauer: 9 km Rundweg. 3 bis 4 Std.

Start- und Zielhöhe/Höhenunterschied: 2.195 m ⇨2.810 m. Anstieg 615 m.

Campen: 3 NF Campingplätze am Ende bzw. am Anfang der Carr Road oder im Kartchner Caverns State Park.

Karten: DeLorme TopoUSA ⇨Carr Peak, AZ ⇨N31°24.773´ W110°18.272´.
Wanderkarte im Buch: Seite 43.

Internet:
Suchbegriffe: Reef Townsite; Ghosttown.

Ein verlassener Stolleneingang

Unterwegs

Die Wanderung beginnt am Sawmill Trail. Schilder an Wegegabeln erleichtern das Orientieren. Von der Old Sawmill Spring – gewöhnlich ohne Wasser – führt der Wanderweg in das Miller Peak Wilderness und trifft nach 1,2 Kilometer auf einen Pfad, der vom Canyon Overlook Campground kommt. Höher aufwärts vernichtete 1977 ein Feuer einen großen Teil des Wald. Inzwischen hat die Natur die Hänge mit Big Berry Manzanita, Espen und Eichen wieder Besitz genommen. Der Weg – mit wenig Schatten aber unbehinderten Ausblicken – erreicht einen Bergrücken. Hier ein Blick auf Sierra Vista aus der Vogelperspektive.

Info

Ursus Americanus

- Lebt von Insekten, Beeren und Aas.
- Lernt, dass Menschen Nahrung haben.
- Hat ein Auge für Kühlboxen und Abfallbeutel.
- Riecht Speisereste, Wasser und Zahnpaste über weite Entfernung.
- Erreicht Lebensmittel, die bis 3 Meter hoch zwischen Bäumen hängen.

Vacationus Americanus

- Trifft in der Stadt keinen Bär.
- Denkt, eine Begegnung mit einem Bär ist spannend und macht Spaß[*].
- Vergisst, dass Bären wilde Tiere sind[*].
- Vergisst, Lebensmittel im Auto oder in einem bärensicheren Container zu verstauen.
- Geht hungrig nach Hause, wenn ein Bär im Camp die Lebensmittel gefressen hat.

Quelle: Info-Tafel des NFS.

[*] Anmerkung: Smokey Bear ist eine mit Ranger-Hut und Schaufel von der Forstverwaltung vermenschlichte Bären-Abbildung. Mit diesem Symbol für den Kampf gegen Waldbrände ist ein „Smokey Bär Kult" entstanden, der es vielen Amerikanern schwer macht, in Bären wilde und gefährliche Tiere zu sehen.

Vom Bergrücken nach rechts führt eine Wegespur auf den 500 Meter entfernten Gipfel mit großartigem Rundblick. Ausdauernde Wanderer können vom Carr Peak dem Trail zum Miller Peak folgen. Zusätzlich 10 km hin und zurück.

Wer im Reef Townsite Campground übernachtet, findet leicht den TH zum Reef Townsite Historical Trail (1,1 km. 46 hm). Ein Rundweg – mit einem kurzen Abstecher zur Stamp Mill, in der das Erz vom tauben Gestein getrennt wurde – folgt alten Wegen durch das ehemalige Bergbaugebiet. Nur kümmerliche Reste sind verblieben. Info-Tafeln geben Auskunft über die Geschichte des Bergbaus gegen Ende des 19. Jahrhunderts (Gold, Silber, Wolfram), die Geologie des Gebiets und das Feuer von 1977.

Carr Peak

PLEASE DO NOT APPROACH OR FEED THE BEARS

CENTER FOR WILDLIFE INFORMATION • P.O. BOX 8289 • MISSOULA, MT 59807 • 406-523-7750   ©1999

Bären sind clever. Im Reef Townsite Campground öffnete ein Jungbär einen bärensicheren Container und tat sich an den Abfällen gütlich. Als ich ihm zu nahe kam, flüchtete er auf einen Baum.

WARNING
HIGH BEAR ACTIVITY AREA
PERSONS ALLOWING BEARS
ACCESS TO FOOD WILL BE CITED
36 CFR 261.58 cc

14 Kartchner Caverns
Wandern in ewiger Finsternis

Wandern in einer Tropfsteinhöhle, die mit ihrer Vielfalt an Farben und Formen zu den 10 bedeutendsten der Erde zählt.

Wo: I-10 von Tucson bis Benson, Ausfahrt 302. ⇨Auf Highway 90 neun Meilen nach Süden bis zum Kartchner Caverns State Park. Zufahrt asphaltiert.

Wann: Ganzjährig. An Wochenenden sind die Führungen oft ausgebucht. Offen täglich 8 bis 17 Uhr. Auf den geführten Touren darf nicht fotografiert werden. Kinder unter 6 Jahren haben keinen Zutritt. Gebühr.

Länge/Dauer:
Big Room Tour 800m; 1 3/4 Std.

Campen:
Campingplatz im State Park.

Karten: DeLorme TopoUSA ⇨Kartchner Caverns, AZ.

Internet: www.pr.state.AZ.US; Suchbegriffe: Kartchner Caverns; Tropfsteinhöhlen.

Kartchner Caverns mit den längsten ‚Strohhalmen' auf der Erde (Foto: Arizona Stateparks)

Unterwegs

Zwei Höhlenforscher entdeckten 1974 am Fuße der Whetstone Mountains südlich von Benson ein unbekanntes Höhlensystem mit zwei fußballfeldgroßen Räumen, eine unterirdische Wunderwelt mit farben- und formenprächtigen Gebilden. Eine Welt mit einer gleichbleibenden Temperatur von 13 Grad Celsius und einer Luftfeuchtigkeit von 95 Prozent. Viele Jahre bewahrten Gary und Randy das Geheimnis, um die Tropfsteine vor Vandalen und Souvenirjägern zu schützen. Heute sind die Kartchner Caverns, die zu den zehn bedeutendsten Tropfsteinhöhlen der Erde zählen, für die Öffentlichkeit zugänglich.

Die spannende Geschichte der Entdeckung der Höhlen und ihre Umwandlung in einen State Park ist ausführlich in „Paradies auf Abruf" beschrieben. (Siehe Literaturhinweis im Anhang S. 87).

Info

Tropfsteinhöhlen – Unterirdische Welten

Höhlen, das sind für die einen Orte des Bösen und Plätze von beklemmender Finsternis. Es ist die Welt der Trolle, Zwerge, Drachen und Dämonen. Der Teufel soll in der Tiefe sein Unwesen treiben. Der Mythologie nach sind die Urahnen der Hopi-Indianer über Leitern aus unterirdischen Welten aufgestiegen. Auch der griechische Göttervater Zeus wurde in einer Höhle geboren.

Auf der Suche nach versteckten Informationen über die Erdgeschichte dringen Forscher in das unbekannte Dunkel ein. In Tropfsteinhöhlen liegen die Daten über frühere Niederschläge, Temperaturen und Meeresspiegelschwankungen, von der Natur in Hunderttausenden von Jahren niedergeschrieben. Sie warten auf ihre Entschlüsselung. »Wir haben bisher weniger als die Hälfte der wahrscheinlich vorhandenen Höhlen entdeckt« so ein Forscher. „Jeder von uns träumt davon, einmal ein unbekanntes Höhlensystem zu finden."

Dieser Traum wurde für zwei amerikanische Höhlenforscher Wirklichkeit. Gary und Randy entdeckten 1974 südöstlich von Tucson ein kilometerlanges Höhlensystem. Eine tropfende und im Licht der Lampen magisch schimmernde Welt unter der Wüste. Diese Höhlen sind so schön, dass man nicht glauben kann, sie seien in der Dunkelheit geschaffen.

Im Zentrum des unterirdischen Labyrinths stießen sie auf eine fußballfeldgroße Höhle, den dreißig Meter hohen Thronsaal. Sie fanden unzählige bizarre Tropfsteingebilde. Darunter etwas ganz Besonderes: Die mit 6,4 Meter derzeit weltweit bekannten längsten Strohhalm-Stalaktiten.

Viele Jahre hielten Gary und Randy ihre Entdeckung geheim. Bis die Parlamentarier von Arizona 1988 dem Landkauf für einen neuen State Park zustimmten, ohne um die Existenz des unterirdischen Juwels zu wissen. Erst als die Finanzierung gesichert und der Kaufvertrag unterschrieben war, wurden sie informiert.

Elf Jahre suchten Wissenschaftler nach Wegen, wie in den Höhlen Luftfeuchtigkeit und Temperatur konstant gehalten werden können, damit die Tropfsteine weiter leben und Algen sich nicht ausbreiten können. Die Folgen der touristischen Erschließung sollten so klein wie möglich gehalten werden. Bei 95 Prozent Luftfeuchtigkeit, einer konstanten Temperatur von 13° C in den Höhlen und einer knochentrockenen Außenluft bei Sommertemperaturen von 40 bis 50 Grad keine leichte Aufgabe. 1999 war es endlich so weit. Der Kartchner Caverns State Park mit seiner unterirdischen Wunderwelt wurde für alle zugänglich.
(Zusätzliche Info in ‚Paradies auf Abruf' (siehe Literaturhinweis Seite 87).

Andere Attraktionen

- **15 Fort Huachuca** mit informativem Museum für die Militärgeschichte des Westens. Seit 1877 Standort der U.S. Armee. Besucher müssen sich am Haupteingang (Main Gate) mit Pass und Nachweis für Autoregistrierung und Autoversicherung ausweisen. huachuca-www.army.mil
- **16 Tombstone – Auf den Spuren von Doc Holiday und Wyatt Earp:** „Town Too Tough to Die" mit Doc Holiday, Wyatt Earp, Ed Schiefelin, den Clintons und der 30 Sekunden dauernden "Schlacht" am O.K. Corral (1881).

Ihre Akteure sind im Mythos des rauen Wilden Westen verewigt. Besucher können täglich um 14 Uhr dieses Ereignis nacherleben. Dazu der Crystal Palace Saloon und der Boothill Graveyard, in dem auch die Verlierer der Schiesserei begraben liegen. Angeblich ist kein Grabstein echt. Ende Mai finden alljährlich die Wyatt Erp Days statt: www.tombstone.org
- **17 Bisbee Mining & Historical Museum** und täglich Touren in die Queen Mine (9; 10.30; 12; 14; 15.30 Uhr. Gebühr. Kinder unter 4 Jahren frei). www.discoverbisbee.com

Info

Ghosttowns erwachen

In der zweiten Hälfte des 19. Jahrhunderts bestand ein großes Interesse, die Westwärts-Bewegung zu verstärken. Die Politiker wollten die Landnahme erleichtern. Sie verabschiedeten entsprechende Gesetze. 1872 passierte ein Bergbaugesetz (General Mining Act) den Kongress. Es gab jedermann das Recht, öffentliches Land zu betreten und nach Mineralien zu schürfen. Es genügte, einen Claim (20 acres = ca. 8,9 Hektar) mit vier Pfosten abzustecken, um einen Besitzanspruch zu erheben und ihn mit einem formlosen Antrag beim Bureau of Land Management (BLM) zu dokumentieren.

Wo Gold, Silber und Kupfer gefunden wurden, entstanden Siedlungen. Kleine und große. Mit Bergleuten, Händlern und Handwerkern, Sheriffs, Glücksspielern, Sängerinnen, Tanzgirls und Prostituierten. Sie alle wehte die nachlassende Konjunktur hinweg wie der Wind welkes Laub. Tausende Bergwerkssiedlungen und Zehntausende von Minen wurden verlassen, wenn der Dollar nicht mehr rollte. Man nahm mit, was Pferd und Wagen tragen konnten. Erdhöhlen und Bretterbuden stürzten ein und mit ihnen die Markenzeichen dieser Siedlungen – die Saloons. An ihrer Zahl lässt sich die einstige Bedeutung einer Siedlung abschätzen: Tumbstone mit 15.000 Einwohner schaffte es auf gut hundert Etablissements[*].

Häuslicher niedergelassen im ursprünglichen Sinne des Wortes hatten sich meist nur Händler, Banken und das Gesetz. Ihre solider gebauten Gebäude widerstanden dem Zahn der Zeit länger.

Im Angesicht der zahllosen Ghosttowns fragt sich der nachdenkliche Besucher: Welches werden die Geisterstädte des 22. Jahrhundert sein, wenn als Folge des Klimawandels Wasser Mangelware wird?

Einige Minig-Ghosttowns feierten in jüngster Zeit ein Comeback. So auch Tombstone. Nicht mit Gold, Silber oder Kupfer. Den begehrten Dollar bringen Touristen. „Nomen est omen", dachten ein paar Geschäftstüchtige. Sie wussten die „Schwäche" ihrer Landsleute für Geschichte und Geschichten richtig einzuschätzen. Außerdem hat Hollywood das gefährliche Leben in Tombstone in zahlreichen Filmen bildhaft dargestellt. Eine ausgezeichnete Reklame für die neuen „Goldsucher". Sie bauten 100 Meter Hauptstraße mit fotogenen Fassaden wieder auf. Alt natürlich. Was nicht alt aussah, wurde auf alt getrimmt. Einige Millionen Dollar verwandelten die verbliebenen Reste in eine Goldgräberstadt der Neuzeit mit Pferdekutschen und ohne Autos. [*]Zusätzliche Info in ‚Paradies auf Abruf' (Siehe Literaturhinweis Seite 87).

Dragoon und Chiricahua Mountains

18 Cochise Stronghold
Fliehburg der Apachen

Pittoreske Granitfelsen und ein Hauch von Apachen-Vergangenheit.

Wo: Auf der I-10 bis Ausfahrt 318. ⇨Auf der Dragoon Road 10 Meilen bis zur Cochise Stronhold Road. ⇨Auf dieser bis zur Ironwood Road. ⇨ Auf der nicht asphaltierten aber gut ausgebauten Ironwood Road (FR 84) vier Meilen bis zum NF Cochise Stronghold Campground. TH und P. Wer von Osten kommt, verlässt die I-10 am Exit 331, fährt auf Highway 191 nach Süden bis Sunsites und biegt dort nach Westen auf die Ironwood Road ein. Die Forstverwaltung empfiehlt Zufahrt auf der Ironwood Road bis 22 Fuß.

Wann: Ganzjährig

Länge/Dauer: 17 km Rundweg. GTT.

Start- und Zielhöhe/Höhenunterschied:
1.463 m ⇨ 1.821 m. Anstieg 358 m.

Campen:
NF Cochise Stronghold Campground.

Karten: DeLorme TopoUSA ⇨Cochise Stronghold, AZ

Internet: Sachbegriffe:
Dragoon Mountains; Cochise; Geronimo.

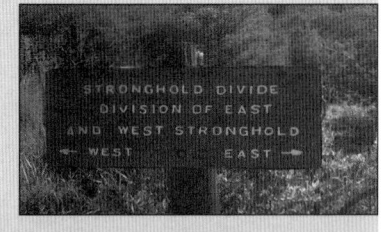

3 Meilen bis zum Pass (Divide)

Unterwegs

Der Trail beginnt am Campingplatz als Lehrpfad, der über die wichtigsten Gewächse dieser Vegetationszone und ihre Bedeutung für Mensch und Tier informiert (Arizona Oak, Alligator Juniper, Manzanita mit den kleinen senkrecht stehenden Blättern, Baergras, Yucca, Desert Spoon u. a). Ein Abzweig verlässt diesen Looptrail, quert zweimal das Trockenbett im East Stronghold

Canyon. Der Weg ist nicht zu verlieren. Das Wasser von der Cochise Spring fließt auch am Ende der Sommerregen spärlich und versickert nach wenigen Hundert Metern. Nach 3 Kilometern ein Mini-Reservoire (Halfmoon Tank). Ebenfalls nur halb gefüllt. Dann die ersten fotogenen, verwitterten Granitfelsen. Für besonders attraktive Felsgebilde geht man von der Stronghold Divide 400 Meter nach Westen abwärts bis zur ersten Spitzkehre.

Der Cochise Trail erreicht nach weiteren 2,5 Kilometern eine Jeepstraße. Den gleichen Weg zurück.

Doch nehmen Sie sich Zeit für einen Sprung in die Vergangenheit – 140 Jahre zurück. Auch damals gab es eine Wegspur zur Quelle. Benutzt von den Apachen unter ihrem Häuptling Cochise. Ein weiterer Lehrpfad am Campingplatz bringt Wissenswertes über Lebensweise und Geschichte der Chiricahua-Apachen.

Manzanita stellen ihre Bätter senkrecht, um den Wasserverlust zu verringern

Tipp

Fotografen sollten gegen 6 Uhr morgens starten. Die Morgensonne liefert das beste Licht.

Cochise Stronghold in den Dragoon Mountains

Info

Chiricahua-Apachen kontra Weißer Mann

Wer heute auf der Interstate 10 von Tucson in Richtung New Mexico fährt, kann die Szenerie wechselnder Landschaften genießen: Rincon Mountains, Chiricahua, Cochise Stronghold, Dragoon Mountains – um einige zu nennen. Man kann überall anhalten und tanken – Benzin, Hamburger und Souvenirs.
Vor gut 140 Jahren kontrollierten Chiricahua Apachen den Südosten Arizonas. Eine Reise in der Butterfield Overland Postkutsche war damals nicht ungefährlich. Führte doch die Route durch Apachenland. Die Indianer überfielen Poststationen, Viehzüchter und Bergleute, raubten und mordeten. Hollywood brachte seine Apachen-Version zuerst in die Kinos, dann in unsere Wohnstube.
Die unwegsamen Dragoon Mountains waren in der zweiten Hälfte des 19. Jahrhunderts das Rückzugsgebiet und Versteck für eine Gruppe von Chiricahua Apachen unter ihrem legendären Anführer Cochise – der 1874 starb – und seinem Nachfolger Geronimo.
Einige Fakten: Mehrere Apache-Stämme wanderten um 1700 von Norden ein. Unter der spanischen Herrschaft – bis zur Revolution und Unabhängigkeit Mexikos 1821 – gab es mit den Apachen ein Stillhalte-Abkommen. Die Spanier versorgten die Indianer mit Lebensmitteln und Dingen des täglichen Bedarfs, um sie von Überfällen abzuhalten. Nach der Revolution entfielen einerseits diese Zahlungen. Andererseits verstärkte sich der Zuzug von Anglos. Die weißen Siedler engten zunehmend den Lebensraum der Apachen ein. Verschiedene Gruppen kehrten zu ihrer traditionellen Versorgung zurück: Was ihnen fehlte, holten sie sich bei den Hopi, den Navajo und den Weißen.
Besonders gefürchtet waren die Chiricahua-Apachen. Nach ihren Raubzügen zogen sie sich immer wieder in die schwer zugänglichen Chiricahua und Dragoon Mountains zurück. Es gelang der amerikanischen Armee nicht, sie zu besiegen.
1872 beauftragte der amerikanische Präsident einen ehemaligen General des Unabhängigkeitskrieges, mit den Apachen ein Friedensabkommen zu schließen. General Howard bat Tom Jeffers – den einzigen weißen Freund und Blutsbruder von Cochise – um Vermittlung. An der Westseite von Cochise Stronghold kam es zu Verhandlungen, an denen nur Tom, Cochise, Howard und ein Offizier der Armee teilnahmen. Die Apachen bekamen eine eigene Reservation im Ländereck Mexiko, New Mexico und Arizona. Tom wurde auf Wunsch von Cochise ‚the head of the reservation'.
Die lokalen Politiker, aber auch die Siedler und das Militär waren nicht besonders begeistert über das Abkommen. Eine Reservation von 11.000 Quadratkilometer für 400 bis 600 Apachen war in ihren Augen Verschwendung. Der Indianer-Freund Tom verlor seinen Posten. Es kam zu erneuten Zwischenfällen.1876 wurden die Chiricahua-Apachen zwangsweise in die San Carlos Reservation umgesiedelt, die sie jedoch heimlich verließen und in ihr Stammesgebiet zurückkehrten. Die Armee brauchte 10 Jahre, bis sie 1886 die Chiricahua-Apachen 1886 zur Kapitulation zwingen konnte. Sie wurden als „Kriegsgefangene" nach Florida und später nach Oklahoma deportiert. Wenige überlebten. Ihre Nachfahren siedeln in der Mescaleros-Apache Reservation in New Mexico. Heute erinnert nur noch der Verwaltungsname Cochise County an die ehemalige Reservation.

Cochise Stronghold    Chiricahua-Apachen mit Geronimo 1886
                           (Foto: Hist. Postkarte)

19 Heart of Rocks Trail
Eine pittoreske Felsenlandschaft

Eine bizarre, fotogene Felsenwelt. In der zweiten Hälfte des 19. Jahrhunderts Fliehburg der Apachen vor den amerikanischen Truppen. Heute teilweise ein National Monument.

Wo: Von Tucson auf der I-10 bis Wilcox. ⇨ Auf Highway 186 bis zum Chiricahua National Monument (37 Meilen). Zufahrt zum TH asphaltiert.

Wann: Ganzjährig

Länge/Dauer: 17,4 km. 5 bis 6 Std.

Start- und Zielhöhe/Höhenunterschied:
1.775 m ⇨ 2.144 m ⇨ 2.114m ⇨ 2.144m ⇨ 2.076m ⇨ 2.106 m. Anstieg 431 m.

Campen:
Bonito Canyon Campground im Monument.

In den Chiricahuas

Karten: DeLorme TopoUSA ⇨ Chiricahua National Monument ⇨ AZ
Ausgezeichnete Wanderkarten in der kostenlosen Parkzeitung.

Internet: www.nps.gov/chir;
Suchbegriffe: Chiricahua National Monument; Rhyolith.

Unterwegs

Die Wanderung führt in ein Fotoparadies mit unterschiedlichen Stimmungen – morgens, abends und bei Vollmond. So kann man diesen Weg mehrmals zu unterschiedlichen Tageszeiten gehen und wird immer Neues entdecken. Mich haben neben den zahllosen Felsgebilden die massiven und soliden Wegverbauungen fasziniert; angelegt vom CCC (s. S. 55).

Der beschilderte Rundweg beginnt am Besucherzentrum. Er folgt dem Rhyolith Canyon, ein Paradies für Ornithologen. Rund 200 verschiedene Vogelarten sind hier zu finden. Mit etwas Glück kann man den seltenen Elegant Trogon, einen Besucher aus den Tropen entdecken. Das Fox Squirrel gibt es nur in den Chiricahuas.

Nach 2,4 Kilometer eine Wegegabel: Geradeaus in den Upper Rhyolith Canyon, nach rechts in den Sarah Deming Canyon. Ich bevorzuge den Deming Canyon Trail, der nach ca. 2,6 Kilometer den Abzweig in das ‚Heart of Rocks' erreicht. In diesem Steinmeer aus Pfeilern und Türmen haben Wind, Wasser und Frost den weichen, vulkanischen Rhyolith – vor 27 Millionen Jahren bei einem gewaltigen Vulkanausbruch abgelagert – in einer unvorstellbaren Vielfalt von bizarren Felsgestalten geformt: Balanced Rock, Old Maid Rock, Camel's Rock, Thor's Hammer, the Duck on a Rock und Kissing Rock – um nur einige zu nennen. Der Phantasie sind bei der Namensgebung keine Grenzen gesetzt.

Nach der Runde durch das „Herz der Steine" folgen wir dem Hauptwanderweg (Balanced Rock Trail) bis zum nächsten Abzweig (1,6 km). Den Abstecher zum Inspiration Point mit Ausblick auf das Steinprofil von Cochise Head kann man auslassen (1,6 Rundweg). Auf dem Mushroom Trail mit seinen pilzähnlichen Felskappen folgen wir dem Weg bis rechts zum Abzweig zum Echo Canyon TH. Wir gehen geradeaus weiter – hangparallel – mit großartigen Ausblicken. Über den Upper Rhyolith Canyon kommen wir zum Ausgangspunkt.

Tipp

Ein kostenloser Shuttlebus bringt Wanderer zum Echo Point TH. Abfahrt vom Visitor Center um 8 Uhr 30 und vom Bonito Campground 5 Minuten später. Anmeldung tags zuvor ist zu empfehlen

Architekt Natur: Balanced Rock

Kissing Rocks

Info

CCC – „The Tree Army"

Die Chiricahua Mountains und das Chiricahua National Monument sind durch ein umfassendes Wanderwegenetz erschlossen. Dem aufmerksamen Wanderer fällt die solide Verbauung der Böschungen und Bachquerungen mit großen Gesteinsblöcken auf. Konstruktionen, wie wir sie von alten Bergbau- und Militärstraßen kennen. Hier waren Profis am Werk.

Die USA befand sich 1933 in einer großen Wirtschaftskrise als Franklin D. Roosevelt im März Präsident wurde. Viele Millionen Amerikaner hatten damals keine Arbeit und lebten in bitterer Armut. Roosevelt reagierte sofort. Er veranlasste den Kongress, mit Beschäftigungsprogrammen gegen die Massenarbeitslosigkeit vorzugehen.

Das bekannteste Maßnahme war die Gründung des Civilian Conservation Corps (CCC). Unverheiratete Männer zwischen 18 und 25 konnten sich dafür melden. Ihre Aufgabe: Sechs Monate lang an ausgewählten Projekten gegen die Zerstörung der natürlichen Reichtümer Amerikas mitzuarbeiten. Vor allem in Nationalparken und ähnlichen Einrichtungen bauten sie Straßen, Wanderwege, Telefonleitungen, Wassertanks, Staudämme, Campingplätze und Picnic Areas. Sie pflanzten Bäume und arbeiteten an Projekten zur Verminderung des Bodenabtrags (Erosion) und zur Renaturierung zerstörter Flächen. Die Männer arbeiteten fünf Tage in der Woche, täglich 8 Stunden. Sie erhielten freie Unterkunft, Verpflegung und Kleidung und monatlich 30 Dollar. Davon wurden 25 Dollar an die Angehörigen geschickt, die das Geld oft bitter nötig brauchten. Über drei Millionen Männer waren landesweit im Einsatz.

CCC war jedoch mehr als ein Beschäftigungsprogramm. Analphabeten konnten nach der Arbeit Lesen und Schreiben lernen. Männer ohne handwerkliche Qualifikationen hatten Gelegenheit, Grundkenntnisse in verschiedenen Handwerken zu erwerben.

Das CCC, das den Beinamen „The Tree Army" erhielt, wurde 1942 mit dem Eintritt der USA in den 2. Weltkrieg aufgelöst.

Viele vom Civilian Conservation Corps in den Chiricahuas errichteten Anlagen werden noch heute genutzt. Die gute Erschließung ist ihr Werk.

Quelle: USDA, Southeast Region RG-R3-05-5. The Civilian Conservation Corps. Coronado National Forest 1933-1942

CCC im Einsatz beim Straßenbau (Fotos: public domains)

19 Barfoot Lookout

Ausblick auf die Chiricahua Mountains.

Wo: Von Wilcox auf Hwy 186 nach Süden bis Hwy 181. ⇨Auf Hwy 181 drei Meilen nach Osten. ⇨Dann nach Süden auf der nicht asphaltierte FR 42 bis zum Union Saddle (12Meilen). ⇨Nach rechts auf FR 42D zum Rustler Park mit Campingplatz, P und TH (3 Meilen). Zufahrt nicht mit Wohnwagen.

Wann: Mai bis November.

Länge/Dauer: 5 km Rundweg. 1 1/2 Std.

Start- und Zielhöhe/Höhenunterschied:
2.580 m⇨2.523 m ⇨2.652 m. Anstieg 129 hm.

Campen: : NF Rustler Park Campground (offen Mai bis November) oder an der FR 42D im idyllisch gelegenen Pinery Canyon Campground mit 4 Plätzen.

Karten: DeLorme TopoUSA ⇨Barfoot Lookout, AZ ⇨N31°55.256´ W109° 16.837´.

Unterwegs

Der TH liegt am Parkplatz für die Tagesbesucher. Ein schmaler Pfad führt nach kurzem Anstieg ohne wesentliche Steigerung am Steilhang entlang zum Barfoot Lookout. Es ist eher ein Spaziergang. Der Feuerwachtturm ist nicht mehr besetzt. Wer im Campingplatz übernachtet, sollte zum Sonnenaufgang oder Sonnenuntergang zum Feuerwachtturm wandern.

Andere Attraktionen

- **18 Museum of Native American Archealogy, Art, History and Culture**, ein reich mit archäologischen Funden ausgestattetes Museum – auch aus der Frühzeit indianischer Besiedlung Nordamerikas (Clovis 12.000 bis 9000 v. Chr.). Zufahrt: I-10, Exit 318 ⇨auf die Dragoon Road und 1 Meile bis zum markierten Abzweig, 2100 North Amerind Road, Dragoon. Gebühr. Unter

12 Jahren frei. Offen: 10 bis 16 Uhr. Montags und feiertags geschlossen. www.amerind.org
- **19 Echo Canyon Trail** mit spektakulären Felsformationen. Zufahrt zum TH im National Monument asphaltiert. (5,5 km Rundweg an der Bonito Canyon Road. 213 hm)
- **19 Faraway Ranch:** Spaziergang vom Bonito Campground (4,4 km Rundweg). Eine schwedische Emigrantenfamilie siedelte hier 1888. Am Wochenende finden Führungen statt. Zufahrt asphaltiert. www.nps.gov/chir
- **19 Sugarloaf Lookout** an der Bonita Canyon Road mit großartigen Ausblicken auf das Felsenmeer und Cochise Head, ein markantes Gesteinsmassiv. Zufahrt asphaltiert. (3 km Rundweg. 151 hm).
- **20 Fort Bowie National Historic Site** mit kleinem Museum. Bis 1896 ein Militärstützpunkt am Apache Pass. Errichtet im Kampf gegen die Apachen unter ihren legendären Häuptlingen Cochise und Geronimo. Fort Bowie wurde zum Schutz lebenswichtiger Quellen gebaut. Zufahrt über gut ausgebaute Staubstraße von Bowie (13 Meilen) oder von Hwy 186 (8 Meilen). Offen 8 bis 16 Uhr (5 km hin und zurück; 138 hm). www.nps.gov/fobo

---

Highlights für Ornithologen

Im Südosten von Arizona gibt es zahlreiche unter Fachleuten weltweit bekannte Vogelschutz- und Beobachtungsgebiete. Dazu gehören:
- **16 San Pedro Reparian National Conservation Area** bei Tombstone mit 350 verschiedenen Vogelarten. Zufahrt: Von Tombstone oder Sierra Vista auf der Charlston Road bis zur Brücke über den San Pedro mit P. Asphaltiert. TH unter der Brücke von der Südseite. Wandern im Flussbett bis zu den Narrows (2 km). Den gleichen Weg zurück.
- **13 Ramsey Canyon in den Huachuca Mountains:** Beobachtungsplatz für Kolibris. Über ein Dutzend Arten. Ein 1,6 km langer Trail beginnt am Visitor Center. Gebühr. Geführte Touren. Zufahrt: Von Sierra Vista auf Hwy 92 sechs Meilen nach Süden bis zur Ramsey Canyon Road und zum Visitor Center. Zufahrt asphaltiert.
- **9 Madera Canyon in den Santa Rita Mountains:** Von März bis September Heimat von verschiedenen seltenen Vogelarten (z. B. Elegant Trogon). Zufahrt von Tucson auf I-19 bis Green Valley, Ausfahrt 83. Folge den Wegweisern auf der E Continental Road zum Madera Canyon. Gebühr. Zufahrt asphaltiert.
- **19 Echo Canyon im Chiricahua National Monument** (s. S. 57)
- **3 Sabino Canyon in den Catalina Mountains.** Zufahrt asphaltiert. (s. S. 23)
- **17 Bisbee für Ornithologen:** Im August findet alljährlich das Southwest Wings Birding and Nature Festival statt. Das Southeastern Arizona Bird Observatory bietet für Vogelkundler geführte Touren zu verschiedenen Vogelbeobachtungs-„Hotspots" (520-432-1388). www.sabo.org

Pinaleño Mountains

21 Webb Peak – Ein Dreitausender

Ein Rundweg durch schattige Wälder. Ein nicht besetzter Feuerwachtturm mit einem 360 Grad Panorama-Rundblick.

Wo: Von Saffort auf Hwy 191 sechs Meilen nach Süden bis zum Hwy 366 (zwischen MP 114/113) ⇨ Auf der 366 bis zum Visitor Center (29 Meilen). Diese kurvenreiche und gut ausgebaute Straße bietet Kurvenfans ein besonderes Fahrerlebnis. 100 Meter nach dem Center ⇨ nach rechts zum TH und P. Zufahrt laut Forstverwaltung für Wohnwagen bis 26 ft. Die letzten 7 Meilen sind nicht asphaltiert, reich an Waschbrettern und entsprechend vorsichtig zu befahren.

Wann: Juni bis September.

Länge/Dauer:
3,2 km Rundweg. 1 1/2 Std.

Start- und Zielhöhe/Höhenunterschied:
2.885 m ⇨ 3.057 m. Anstieg 172 hm.

Campen: Im NF Soldier Creek Campground, ein Platz zwischen mächtigen Granitfelsen.

Karten: DeLorme TopoUSA ⇨ Webb Peak, AZ ⇨ N32°42.688´ W109°55.355´.
Wanderkarte im Buch: Seite 59.

Internet: Suchbegriffe: Mount Graham; American Red Squirrel.

Webb Peak mit Tower

Unterwegs

Der TH an den Columbine Public Corrals gegenüber dem Visitor Center liegt vom Soldier Creek Campground nur 1 Kilometer entfernt. Da am TH Parkplatz nur begrenzt vorhanden ist, lohnt sich der kurze Anmarsch.

Der Aufstieg ist mäßig steil und bis in die Gipfelregion bewaldet. Kurz vor dem Gipfel passieren wir eine markierte Y-Weggabel zum Ash Creek Trail.

Der hohe Feuerwachtturm – der Wald reicht bis in die Gipfelregion – ist nur bei großer Waldbrandgefahr besetzt Wer den Panorama-Ausblick genießen will, muss eine steile, gewöhnungsbedürftige Treppe aufsteigen. Den gleichen Weg zurück.

Eine Alternative bietet der Rückweg, der zum Ash Creek Trail und auf diesem einen Kilometer aufwärts zum Ausgangspunkt führt. Der Weg zum Ash Creek Trail wird wenig begangen. Er ist teilweise mit Steinmännern und Blazer Markers markiert. Für Entdeckungsfreudige ein Erlebnis. Ich habe hier Himbeeren gepflückt, Birkenpilze und pfundschwere Steinpilze gefunden. Mit etwas Glück, entdecken Sie ein Red Squirrel, eine Art, die vor einiger Zeit Unruhen an der Universität in Tucson auslöste.

Ausblick vom Webb Peak

Eine zusätzliche Wanderalternative: Von Hwy 366 nahe dem Soldier Creek Campground führt eine gesperrte Forstraße zum Webb Peak.

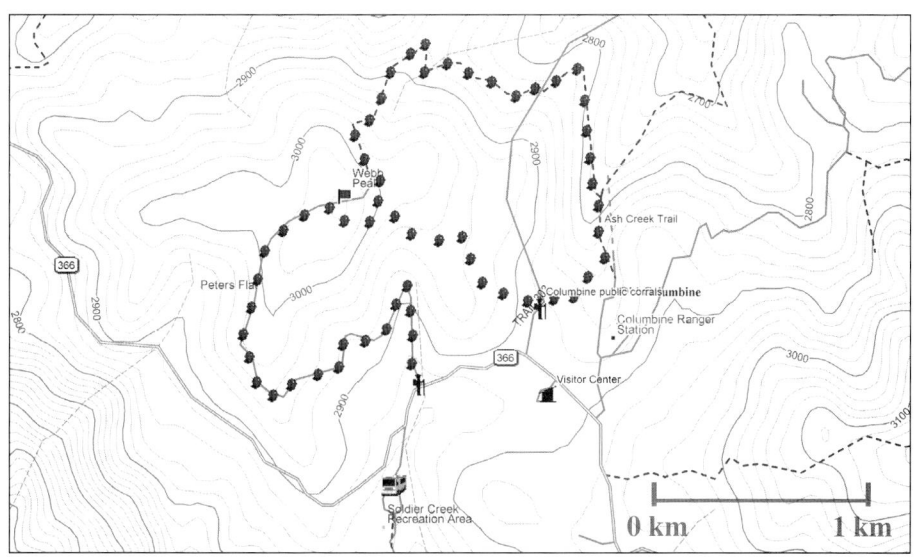

Rund um den Webb-Peak

Info

Schutzgebiet für ein Eichhörnchen

Im Frühjahr 1990 überrollten Studentenproteste den Uni-Campus in Tucson. Einrichtungen und Veranstaltungen wurden blockiert. Auslöser für die Aktionen war ein Eichhörnchen mit einem rostroten Brustfell, das Red Squirrel. Eine seit dem Ende der Eiszeit in den Pinaleño Mountains isoliert lebende Hörnchenart. Sie wurde erst vor wenigen Jahre wiederentdeckt. Die Protestierer sahen den Lebensraum der Eichhörnchen durch den Ausbau einer Sternwarte für die Universität in Tucson auf dem Mount Graham bedroht. Da nur einige Hundert Tiere gezählt wurden, hat die International Union for Conservation of Nature and Natural Resources diese Art als stark gefährdet eingestuft und als Mount-Graham-Rothörnchen auf der Roten Liste unter Schutz gestellt.
Den Protesten schlossen sich auch die San Carlos Apachen an. Für sie ist der Mount Graham ein Heiliger Berg, der durch den Bau der Teleskope entweiht würde. Sie wandten sich auch an die deutsche Regierung, da am Bau der Anlage eine deutsche Firma beteiligt war.
Die geplanten Anlagen wurden gebaut. Der Zugang ist nur autorisierten Personen gestattet. Das Red Squirrel erhielt ein Schutzgebiet, das nicht betreten werden darf. An den wenigen Zugängen wird entsprechend informiert. Wer gegen das Verbot verstößt, kann eine Geldstrafe bis zu 5.000 Dollar erhalten.

Andere Attraktionen

- **22 Hot Spring im Roper Lake State Park:** Natürliche Mineralquelle mit 38 Grad C warmem Wasser. Für Tagesbesucher offen von 6 bis 22 Uhr (Gebühr). Roper Lake Road. Zufahrt asphaltiert. Campingplatz, See mit Badestrand. Zugang: 6 Meilen südlich Safford am Hwy 191.
- **23 Philips Dodge Morenci Copper Mine:** Einer der größten Kupfertagebau Minen der Erde. 54 Meilen östlich von Safford. Touren Freitags und Samstags 8.30 und 13.00 Uhr (keine Jugendliche unter 9). Gebühr. Zufahrt asphaltiert. www.phelpsdodge.com
- **24 Hot Well Dunes Recreation Area** mit 41 Grad C. heißem Mineralwasser und Sanddünen (offen für ATVs und Motorräder), Gebühr, Campingplatz. Zugang: Von Hwy 191 neun Meilen östlich Safford nach Süden über die Heakel Road bis zu den Dünen. Zufahrt auch von Bowie über die Haekel Road nach Norden möglich. Straße ist nicht asphaltiert.
Achtung! In einem Prospekt ist die Zufahrt von Hwy 191 bei MP 105 über die Tanque Road beschrieben. Diese Straße ist mit Normalfahrzeugen nicht befahrbar.

Phoenix und Umgebung

25 Piestawa Peak
Wandern in einer Großstadt

Eine Bergwanderung inmitten der größten Stadt von Arizona.

Wo: Auf der 24. Street bis Lincoln Drive. ⇨Links auf Lincoln bis Squaw Peak Drive. ⇨Auf diesem zum TH und P. Zufahrt asphaltiert.

Wann: Ganzjährig

Länge/Dauer: 2 km zum Gipfel. Aufstieg 45 Min.

Start- und Zielhöhe/ Höhenunterschied:
427 m ⇨795 m.
Anstieg 368 hm.

Campen: Adressen unter www.go-arizona.com

Karten: DeLorme TopoUSA ⇨Squaw Peak,
AZ ⇨N34° 9.968´, W113° 57.046´.

Internet: Suchbegriff: Squaw Peak; Phoenix

Piestawa Peak

Ausblick vom Piestawa Peak

Unterwegs

Den Einheimischen ist dieser Gipfel noch als Squaw Peak bekannt. Von Beginn an geht es kräftig aufwärts. Nach ca. 800 Meter eine Y-Wegegabel. Wir folgen dem Circumference Trail, der den Squaw Peak umrundet, ein kurzes Stück nach links bis zum nächsten Abzweig. Von hier rechts aufwärts zum Gipfel, der größtenteils aus uraltem Schiefer (Präkambrium) besteht. Unterwegs fotogene Saguaros, Barrel und Cholla Kakteen. Für Hunde und Radfahrer ist der Aufstieg gesperrt.

Die Ausblicke auf das Häusermeer der in den Sonnengürtel Amerikas (Sunbelt) gehörenden Millionenstadt Phoenix sind ein ungewöhnliches Gipfelerlebnis. Ebenso die Vielzahl von Einheimischen, die zum Gipfel wandern, bummeln oder joggen. 4.000 bis 10.000 nutzen wöchentlich diesen Trail. Es ist ein Wanderweg für interessante Studien.

26 Picacho Peak
Landmarke für Jahrtausende

Ein kurze aber herausfordernde Wanderung auf eine Landmarke inmitten der Sonora Desert.

Wo: Auf der I-10 zwischen Phoenix und Tucson bis Ausfahrt 219. ⇨Wir folgen dem Wegweiser Picacho Peak State Park. Im Park (Gebühr) ⇨auf der Barrett Loop Road zum TH und P. Zufahrt asphaltiert.

Wann: Ganzjährig.

Länge/Dauer:
3,2 km zum Gipfel. Aufstieg 2 Std.

Start- und Zielhöhe/Höhenunterschied:
610 m ⇨1.028 m. Anstieg 418 hm.

Campen: Im Picacho Peak State Park.

Karten: DeLorme TopoUSA
⇨Picacho Peak,
Red Rock ⇨N32° 38.104´, W111°24.041´.

Internet: Suchbegriffe: Central Arizona Project; Picacho Peak State Park. Civillian Conservation Corps; Kitt Peak; Sonora Desert; Catalina Mountains.

Aufstieg zum Picacho Peak

Kakteenpolster am Wegesrand

Ausblick vom Gipfel

Unterwegs
Der Hunter Trail zum Gipfel des Picacho Peak wurde 1933 vom CCC angelegt (s. S. 55) und 1972 von den Explorer Scouts ausgebaut. Er ist an mehreren Stellen seilgesichert. Die Stahlkabel werden in der Sonne heiß. Handschuhe sind sehr zu empfohlen.
Der Weg führt anfangs durch die typische Vegetation der Sonora Wüste mit Saguaro, Cholla, Palo Verde und Ocotillo. Von Februar bis April tauchen unzählige Mohnpflanzen und Lupien die Landschaft in ein goldfarbenes und blaues Blütenmeer. Ein Blick nach oben: Picacho Peak erscheint wie eine uneinnehmbare Bergfeste. Nach vielen Spitzkehren erreicht der Pfad den Fuß von Basaltklippen. Ein wenig weiter, ca. zwei Kilometer vom Start, kommt man in einen Sattel. Von hier geht es bergab bis zu einer Y-Wegegabel mit dem Sunset Vista Trail. Wir folgen dem Hunter Trail geradeaus, der sehr steil bis zum Gipfel ansteigt. Der Panorama-Ausblick vom Gipfel ist super: Am Fuße der Picacho Mountains der CAP-Kanal, der Colorado Wasser nach Tucson bringt. Im Osten die Santa Catalina und Rincon Mountains. Im Südwesten der Kitt Peak mit seinen Observatorien und zahlreiche Bergketten bis weit nach Mexiko – alle „sky islands" in der Sonora Wüste.

Andere Attraktionen

- **27 Casa Grande Ruins National Monument:** Prähistorischer Siedlungsplatz der Hohokam-Indianer westlich Florence an Hwy 87. Bewohnt von 900 bis 1450 nach der Ztw. Karte: DeLorme TopoUSA ⇨Casa Grande Ruins National Monument, AZ ⇨N32° 59.670 , W111°32.258 . Zufahrt asphaltiert. www.nps.gov/cagr
- **28 Sun City – Rentnerparadies oder Albtraum?** Seit den 50er Jahren des vergangenen Jahrhundert entstand nordwestlich von Phoenix die größte Rentnerstadt der Erde mit rund 100.000 Einwohnern. Für die einen ist die Stadt ein Rentnerparadies, für andere ein Albtraum. www.suncityaz.org
- **29 Arcosanti – Utopie einer Stadt in der Wüste.** Eine in Beton gegossene Vision vom Leben und Wohnen in der Wüste, in der sich Ökonomie und Ökologie vereinen. Ausführlich beschrieben in Band 1. 65 Meilen nördlich Phoenix auf I-17 bis Ausfahrt Arcosanti. Offen 9-17 Uhr. Zufahrt nicht asphaltiert, doch problemlos.

Superstition Mountains
30 Weavers Needle Loop Trail

Fotogene Felsgebilde, geformt von Wind und Wetter aus vulkanischen Aschen (Rhyolith) und eine Legende von einer verlorenen Goldmine.

Wo: Von Phoenix auf Hwy 60/89 nach Osten bis zur Apache Junction und weiter bis zur beschilderten Peralta Road, FR 77 zwischen MP 204/205.
⇨Auf der FR 77, einer gut ausgebauten Staubstraße, sieben Meilen bis zum Ende mit TH und P.

Wann: Herbst bis Frühjahr.

Länge/Dauer: Rundweg 7 km.
Für die Loop zusätzlich 2 km. 3 bzw. 4 Std.

Start- und Zielhöhe/Höhenunterschied:
735 m ⇨ 1.1150 m ⇨ 765m ⇨ 942 m ⇨ 1.043 m. Anstieg 516 hm.

Campen: An Hwy 88 mehrere NF Campingplätze

Karten: DeLorme TopoUSA ⇨ Weavers Needle, AZ ⇨ N33°25.986´ W111°22.225´.
Wanderkarte im Buch: Seite 65

Internet: Suchbegriffe: Superstition Mountais; Lost Dutch Gold Mine Museum

Klapperschlange (Foto: NPS)

Unterwegs
Der TH liegt am Nordende des Parkplatzes und folgt dem Peralta Canyon unschwer zum Fremont Saddle, vorbei an Steintürmen und skurrilen Felsfelsgebilden aus weichem vulkanischen Rhyolith. Die pittoresken Rockformationen geben der Fantasie Raum. Nach etwa zwei Kilometern der Window Rock – „Eye on the Trail" genannt. Vom Sattel ein erster Ausblick auf die domartig geformten Weavers Needle. Insider bezeichnen diesen Ausblick als einen der spektakulärsten in Arizona. Für das Traumfoto folgt man vom Sattel einer Wegspur auf dem Bergrücken ca. 400 Meter zu einem Aussichtspunkt mit einer einzelnen Kiefer. Zurück zum Sattel und zum Ausgangspunkt.
Ausdauernde Wanderer gehen vom Sattel abwärts zum Cave Trail (#233) und auf

diesem weniger begangenen Weg zurück zum Ausgangspunkt. Vielleicht treffen Sie unterwegs in Tarndress gekleidete Gestalten, mit einer Pistole bewaffnet. Sie sind auf der Suche nach der Lost Dutchman Goldmine. Diese Mine, die im Schatten der Weavers Needle liegen soll, ist ein Blatt in der Geschichte des Wilden Westens mit einer entsprechenden Legende.

> **Tipp**
> Wer sich für die Legende der Lost Dutchman Mine interessiert, sollte das Lost Dutchman Museum in Apache Junction, 4087 N Apache Trail besuchen.

Rund um Weavers Needle

Horned Toad

Weavers Needle vom Fremont Sattel (Foto: gemland)

30 La Barge – Boulder Canyon Trail

Großartiger Ausblick auf den Canyon Lake und den Battleship Mountain. Die Wanderung zählt zu den populärsten in den Superstitions.

Wo: Von Apache Junction östlich von Phoenix ⇨auf Hwy 88 bis zur Canyon Lake Marina (MP 211) und Boulder Recration Site mit P und TH. Zufahrt problemlos.

Wann: Spätherbst bis Frühjahr.

Länge/Dauer:
10 km Rundweg. 3 bis 4 Std.

Start- und Zielhöhe/Höhenunterschied:
492 m ⇨700 m. Anstieg 208 hm

Campen: Mehrere Campingplätze an Hwy 88.

Karten: DeLorme TopoUSA
⇨Boulder Recreation Site, AZ

Canyon Lake (Foto: Bartels)

La Barge – Boulder Canyon (Foto: Bartels)

Unterwegs

Der Boulder Canyon Trail (#103) startet am Canyon Lake, an der Südseite von Hwy 88. Nach kurzem Aufstieg ein fotogener Rückblick auf den Stausee. Für den Kurzwanderer – besonders im Sommer – ist es ein Platz zum Pausieren und Umkehren. Wer weiter wandert, erreicht nach 3 Kilometern den Schacht einer verlassenen Mine. Kurz danach führt der Weg hinab in den Boulder Canyon. Auf der Suche nach einem fotogenen Stop für den Battleship Mountain folgen wir dem Trail und steigen ca. 50 Höhenmeter bis zu einem Sattel am Fuße des Berges auf.

Andere Attraktionen

- **31 Dolly Steamboat am Canyon Lake**, 14 Meilen NO von Apache Junction. Ein Abenteuer für Familien. www.dollysteamboat.com.
- **31 Goldfield Ghost Town** an Hwy 88 nordöstlich von Apache Junction. Mit Goldminentour und Museum. Zufahrt asphaltiert.

Organ Pipe National Monument

32 Bull Pasture und Mount Ajo

Ein Eldorado für Kakteen-Fans. Wüste pur. Großartige Aussicht auf die Puerto Blanco Mountains und nach Mexiko.

Wo: Von Phoenix (Hwy. 85) oder Tucson (Hwy 86) nach Why. ⇨Auf Hwy 85 nach Süden bis zum Organ Pipe NM Visitor Center. ⇨Auf dem nicht asphaltierten Ajo Mountain Drive (21 Meilen) bis zum Bull Pasture-TH. Zufahrt mit Wohnmobil bis 25 ft möglich.

Wann: Oktober bis April; im Sommer heiß.

Länge/Dauer: Bis Bull Pasture 8,5 km Rundweg. Bis Mount Ajo 16 km Rundweg. 3 bzw. 8 Std.

Start- und Zielhöhe/Höhenunterschied: Bis Bull Pasture: 716 m ⇨1.016 m. Anstieg 300 m. Bis Mount Ajo: 716 m ⇨1.448 m. Anstieg 796 hm

Campen: Campingplatz im Monument.

Karten: DeLorme TopoUSA ⇨Mt Ajo, AZ ⇨N32°1.604 W112°41.443 . **Wanderkarte im Buch:** S. 69

Internet: www.nps.gov/orpi; Suchbegriffe: Organ Pipe Cactus; illegale mexikanische Einwanderer.

Unterwegs

Fragen Sie im Besucherzentrum nach dem Zustand des Ajo Mountain Loop Drive, der nach schweren Sommergewittern gesperrt sein kann. Dort erhalten Sie ein Faltblatt zum Bestimmen von Tieren und Pflanzen sowie eine Broschüre, in der Sehenswertes längs der Straße beschrieben ist.

Zu beiden Seiten des Ajo Mountain Loop Drive wachsen zahllose Organ Pipe Kakteen. Wie Orgelpfeifen kommen die Stämme aus dem Grund – ein riesiger Kaktusstrauch. Im April/Mai öffnen sie nachts ihre blassblauen Blüten, manchmal nur für einen Tag. Aus den roten Früchten – reif im Juni – kann man eine schmackhafte Marmelade bereiten. Sie ist in verschiedenen Geschäften in

Tucson zu kaufen (Adressen Seite 12). Vom Bull Pasture TH geht der Weg im trockenen Bachbett des Estes Canyon aufwärts. Laut Angabe der Nationalparkverwaltung ist es ein anstrengender Weg. Wir wanderten den Trail mit unserem zweijährigen Sohn. Er teilweise auf Vaters Rücken. Beiderseits des Pfades wachsen mannshohe Creosote Büsche, Jojoba mit eichelgroßen, ölhaltigen Früchten, Mesquite, Palo Verde, Saguaro und Organ-Pipe-Kakteen. Höher hinauf: Yucca, Barrel Cactus, Ocotillo und einzelne Zedern – Reste aus einer kühleren und feuchteren Zeit. Achten Sie auf ‚Nurse trees'. Das sind Bäume oder Sträucher, die heranwachsenden Pflanzen Schutz vor Sonne und Tieren geben. Versäumen Sie nicht, am Ende des Bull Pasture-Trail rechts aufwärts zu gehen. Nach wenigen Minuten steht man auf dem Bull Pasture Overlook und wird mit einem großartigen Ausblick auf die Sonora Wüste und die Puerto Blanco-Mountains belohnt.

Info
Erobern Illegale den Südwesten?

Die Sonora Wüste ist Grenzland zwischen den Vereinigten Staaten und Mexiko. Zwei Länder mit unterschiedlichen kulturellen Wurzeln. Das soziale und wirtschaftliche Gefälle mit großen Einkommensunterschieden löst einen ungeheuren Wanderungsdruck aus. Hunderttausende Mexikaner auf der Suche nach Arbeit queren jährlich illegal die Grenze. „José", so ein Mitarbeiter der Grenzpolizei, „haben wir schon 95 mal aufgegriffen." Im Jahre 2006 allein an der Grenze Arizona/Mexiko 1,1 Millionen.

Auf der Fahrt zum Organ Pipe National Monument passieren wir parkende Geländewagen: Polizei auf der Suche nach illegalen Grenzgängern, die in das gelobte Land wollen, das für viele Mexikaner USA heißt. Sie kommen mit und ohne Schlepper – den Elementen der Natur ausgesetzt. Für viele Grenzgänger wird der illegale Übertritt zu einer Reise in den Tod. Jedes Jahr sterben Hunderte durch Hitzschlag oder verdursten. Manche werden von mexikanischen Banditen ausgeraubt und gelegentlich auch von ihnen umgebracht. Nahe der mexikanischen Hauptstadt haben sich Indianer einen besonderen Nervenkitzel ausgedacht. Für ein paar Dollar simulieren sie mit Interessierten hautnah eine illegale Einwanderung.

Die Grenzwächter stehen an der 3.144 Kilometer langen Grenze auf verlorenem Posten. Wen sie heute aufgreifen und abschieben, der versucht es morgen wieder.

Wer die Flut eindämmen will, muss auf der mexikanischen Seite einen Wohlstand schaffen, der sich am reichen Nachbarn orientiert. In den USA muss er die Beschäftigung illegal Eingewanderter bestrafen. Für den Bürgermeister von Douglas in Arizona ist es an der Zeit, nach Lösungen zu suchen. Doch der Widerstand in beiden Ländern ist groß. Die offiziellen Stellen in Mexiko verschließen die Augen. Jeder Emigrierte verringert die Probleme im eigenen Land, da viele von ihnen Geld an ihre zurückgebliebenen Angehörigen schicken. In den USA brauchen arbeitsintensive Wirtschaftszweige billige Arbeitskräfte: in der Landwirtschaft als Erntehelfer, im Gaststätten- und Hotelgewerbe als Küchenhilfe und Zimmermädchen. Und Private suchen billige Haushaltshilfen.

Zum Mount Ajo sollten nur erfahrene und ausdauernde Wanderer aufsteigen. Vom Ende des Bull Pasture Trail führt eine Wegspur querfeldein ostwärts um das Zentrum eines Becken bis zu einem Nord-Süd verlaufenden Rücken. Sie folgt diesem – teilweise steil und rutschig im Granitgrus – bis zum Gipfel mit einem 360-Grad-Panorama-Rundblick.

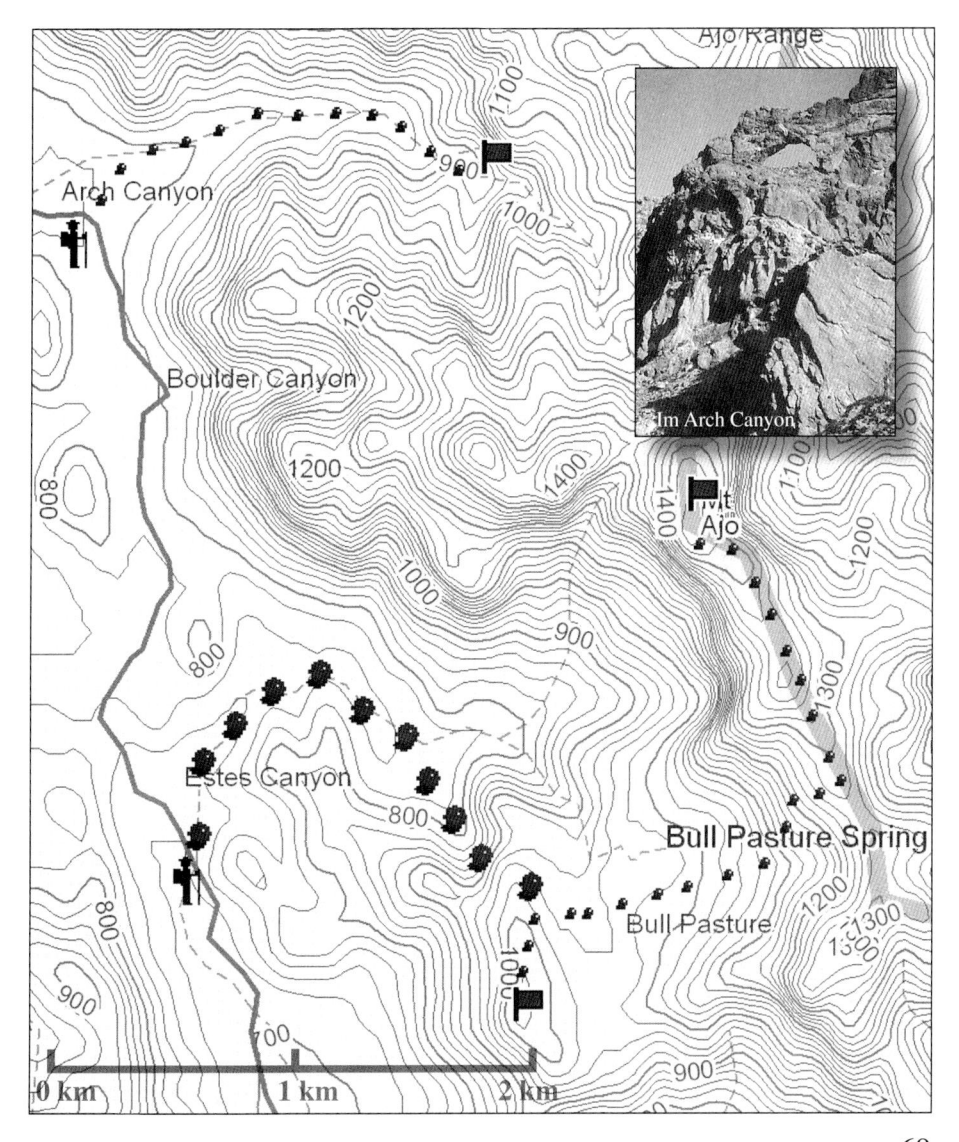

Im Arch Canyon

32 Zur Victoria Mine

Best erhaltene Mine im Monument mit fotogenen Resten eines ehemaligen „Tante-Emma-Ladens".

Wo: Im Organ Pipe National Monument.

Wann: Oktober bis April; im Sommer heiß.

Länge/Dauer: 7 km Rundtrip. 2 1/2 Std.

Start- und Zielhöhe/Höhenunterschied:
518 m ⇨ 488 m. Anstieg auf dem Rückweg 30 m

Campen: Campingplatz im Monument.

Karten: DeLorme TopoUSA ⇨ Victoria Mine, AZ ⇨ N31° 55.771´, W112°50.276´.

Internet: Suchbegriff: Victoria Mine.

Am Twin Peak Trail

Siedlungsreste (Foto: NPS)

Unterwegs
Der beschilderte Trail beginnt am Südende des Campingplatzes. Die spärliche Vegetation – vorwiegend Creosote Büsche, Saguaro und Cholla – bieten keinen Schatten. Im Sommer steigen die Temperaturen auf 40 bis 50 Grad Celsius. In den zu querenden Washes wachsen verschiedene Kakteenarten, tiefwurzelnde Mesquite und Palo Verde.

Der Weg führt ohne nennenswerte Höhenunterschiede zur Victoria Mine. Es sind zahlreiche Schächte und Gruben, in denen seit den 80ern des 19. Jahrhunderts vier Jahrzehnte lang Gold, Silber und Kupfer abgebaut wurde. Die magere Ausbeute hat keinen reich werden lassen. Außer Halden erinnert nur noch die Ruine des General Store an die Bergbauzeit.

Von den Victoria Mines führt ein Pfad weiter zu den nicht besonders attraktiven Lost Mines.

Andere Attraktionen

- **32 Ajo Mountain Scenic Drive**: Diese nichtasphaltierte, kurvenreiche Straße führt am Fuße der Ajo Mountains entlang. Eine Einbahnstraße, der man bis zum Ende folgen muss. Der Ajo Mountain Drive erschließt die schönsten Teile des Monuments. Zahlreiche fotogene Orgel Pipe Kakteen und Dutzende andere Kakteenarten. Ein Infoheft ist im Visitor Center erhältlich. Die 21 Meilen lange Route ist nicht für Wohnwagen über 25 ft. geeignet. Im Visitor Center nach dem Zustand der Straße fragen.
- **32 Arch Canyon-Boulder Overlook**: TH am Ajo Mountain Scenic Drive MP 9,5. Zufahrt nicht für Wohnwagen über 25 ft. 3,5 km Rundweg. 338 hm (s. Wanderkarte im Buch S.69)
- **33 New Cornelia Copper Mine** in Ajo: Schon Indianer und Spanier verarbeiteten das stark kupferhaltige Erz. Seit Mitte des 19. Jahrhunderts wurde es im großen Stil abgebaut. Ein 275 Meter tiefer Krater entstand. Eindrucksvoller Ausblick von einer Aussichtsplattform. Zufahrt asphaltiert.

Kupfertagebau in Bisbee, Ajo und Morenci (Foto Gill Kenny©MTC&VB)

Am unteren Colorado
Arizonas West Coast

Info

Colorado River – Gezähmter Riese

Die Quellen des Colorado River liegen in den Rockies in Colorado. Mit 2.333 Kilometern Länge zählt er zu den Riesen in den westlichen USA. Seine Hochwasser waren einst ein alljährlich wiederkehrendes Ereignis. Jedes Frühjahr brachte eine Hochwasserspitze und mit ihr viele Millionen Tonnen Tone, Sande und Geröll. Wild und schlammig strömte der Fluss dahin.

Ingeneure haben den Unterlauf des Colorado an mehreren Stellen gestaut und in eine Seenkette. Wenn heute das Wasser die Staudämme verlässt, ist es nicht mehr rotbraun gefärbt. Das Wasser wird nahe dem Grunde der Stauseen abgezogen wo es sommers wie winters eine gleichbleibende, „eiskalte" Temperatur hat. Es erwärmt sich flußab nur langsam.

Die Dämme dienen der Hochwasserkontrolle und der Erzeugung von Elektrizität. Ein Teil des gestauten Wassers fließt in die Haushalte von Las Vegas und auf die Felder im Imperial Valley. Eine nicht unbeträchtliche Menge verdunstet. Nur ein kümmerlicher Rest – mit Rückständen aus der Landwirtschaft belastet – erreicht den Golf von California. In den vergangenen Jahrzehnten haben die Stauseen zunehmend an wirtschaftlicher Bedeutung gewonnen. Sie sind zu nationalen Erholungsgebieten geworden, alljährlich von Hunderttausenden besucht.

Widersprüchlich ist die Einstellung vieler Amerikaner zu den Dämmen. Für die einen sind sie ein Wunderwerk der Technik, ein Sieg des Menschen über die Gewalten der Natur. Sie sehen nur die Umwandlung ungestümer Wassermassen in Energie, Trinkwasser, Nahrung und Arbeit. Umweltschützer dagegen verweisen auf die nachteiligen Folgen des nährstoffarmen und kalten Wassers für die Flusslandschaften am Unterlauf. Und auf die in Jahrmillionen entstandenen attraktiven Canyons, die nach dem Fluten zu riesigen Wasserfriedhöfen wurden. Zusätzliche Info in „Paradies auf Abruf" (Siehe Literaturhinweis S. 87).

Dämme stauen den Colorado (Foto NPS)   Am Colorado (Foto Family Kayak Adv.)

34 Betty's Kitchen
Eldorado für Vogelfreunde

Naturschutz- und Vogelbeobachtungsgebiet.

Wo: Von Yuma auf Hwy 95 nach Osten zur ⇨ Avenue 7E (Laguna Dam Road). Auf dieser 9,5 Meilen zum markierten TH. Zufahrt asphaltiert.

Wann: Ganzjährig.
Besonders September bis Mai.

Länge/Dauer:
800 Meter. Rundweg 1 Std.

Höhenunterschied: 50 m.

Campen:
BLM-Campingplatz am Squaw Lake.

Karten: DeLorme TopoUSA
⇨ Laguna Dam Road, Yuma.

Internet:
www.tutsan.forest.net/trails.
Suchbegriff: Betty's Kitchen, Arizona.

Betty's Kitchen Trail (Foto BLM)

Unterwegs

Betty's Kitchen – ein Naturschutzgebiet – liegt am Unterlauf des Colorado River. Die Ufer sind eingesäumt von einer üppigen Vegetation (Pappeln, Schwarzweiden, Honig-Mesquit, Salzzedern, Tamarisken). Ein kurzer Rundwanderweg erschließt den Uferbereich. Vom Laguna Damm hat man einen guten Überblick. Tafeln informieren über Flora und Fauna, über frühe Siedler und Bergleute auf der Suche nach Gold. Das BLM errichtete Anlagen zum Grillen und Fischen.

Silberreiher (Foto: Fish&Wildlife)

35 Palm Canyon
Wandern zu einer seltenen Palmenart

California Washingtonia Palmen, eine einheimische Palmenart, die ursprünglich in Arizona nur an wenigen Plätzen zu finden war.

Wo: Von Yuma 62 Meilen auf Hwy 95 nach Norden. ⇨Abzweig zur Kofa Ranch und Kofa National Wildlife Refuge (beschildert). Auf einer Staubstraße mit vielen Waschbrettern 7 Meilen zum TH und P. Erkundigen Sie sich beim BLM in Yuma über den Zustand der Straße.

Wann: September bis Mai.

Länge/Dauer: 2,5 km Rundweg. 1 Std.

Start- und Zielhöhe/Höhenunterschied: 653 m ⇨760 m. Anstieg 107 hm.

Campen: BLM Campingplatz im Palm Canyon

Karten: : DeLorme Topousa ⇨Palm Canyon, AZ ⇨N33°21.569´, W114°6.379´.

Internet: www.fws.gov/southwest/refuges
Suchbegriffe: Palm Canyon Trail; California Washingtonia.

Unterwegs
Vom Ende der Straße führt ein Pfad in ein enges Trockental und aufwärts zu einem Punt mit gutem Ausblick auf die Palmen im Canyon – Reste aus einer Zeit, als das Klima kühler und feuchter war. California Washingtonia Palmen wurden in Arizona erst 1923 entdeckt. Heute sind sie in vielen Gärten zu finden. Es wird vermutet, dass die Samen von Vögeln oder Coyoten herangebracht worden sind. Auch ohne Trail kann man noch ein Stück canyonaufwärts wandern.
Das Kofa National Wildlife Refuge – ein Schutzgebiet für Bighorn Schafe – zählt zu den trockensten Gebieten im Westen von Arizona.

Andere Attraktionen

- **34 Imperial National Wildlife Refuge** zu beiden Seiten des Colorado. Eine grüne Flussoase inmitten der Wüste mit Pappeln und Weiden, mit Wildkatzen, Coyotes und über 250 Vogelarten. Von Yuma auf Hwy 95 nach Norden bis E Imperial Road. Auf dieser und der E Laguna Road bis zum Ende. Zufahrt asphaltiert. www.visityuma.com und www.fws.gov/southwest/refuges/Arizona

Info

Dünen – Spielwiese für Touristen

Wer kennt nicht die klassischen Bilder der Wüste: Bis zum Horizont in Dünen gewellter Sand. Irgendwo ein paar Palmen, die der Sand zu verschlucken droht. Nichts Lebendes! Dieses Bild von Wüste verbinden wir mit der Sahara in Afrika. Wer käme auf den Gedanken, mächtige Dünen in Nordamerika zu suchen? Und doch gibt es sie
- im Great Sand Dunes National Monument in Colorado (s. S. 76)
- im White Sands National Monument in New Mexico (s. S. 79)
- in den Coral Pink Sand Dunes und in Utah (s. S. 80)
- in den Scenic Sand Dunes in Idaho
- in den Algodones Dunes in Kalifornien (s. S. 82)
- im Hot Well Dunes Recreation Area in Arizona (s. S. 60).

Wann immer Sie kommen, wie oft Sie auch kommen – diese Landschaften zeigen immer wieder ein anderes Gesicht: Die Farben wechseln: grau, beige, creme, rosa, braun, weiß. Die Muster im Sand verändern sich vor den Augen. Alles ist in Bewegung. Ein Eldorado für Fotofreunde!
Die großen Dünenlandschaften in den Sandwüsten der Erde – wie in der Sahara – sind hauptsächlich vom Wind geformt. Im Gegensatz hierzu wurden die Dünen in der Großen Amerikanischen Wüste sowohl durch den Wind als auch durch fließendes Wasser geschaffen. In Jahrtausenden wurden Millionen Tonnen Sand herangetragen. Diese Landschaften sind zu einer idealen Spielwiese für Touristen geworden. Sie bieten ein außergewöhnliches Freizeitvergnügen im Wüstensand. Es sind landschaftliche Kleinode, in denen man ungewöhnliche Urlaubstage verbringen kann: Wandern auf Dünenkämmen und Rodeln mit Plastikschlitten, mit einem Motorrad oder Allrad-Terrain-Vehicel die Dünen befahren oder einfach den Sandhang hinabkullern. Auch Spielen mit Sand und Wasser ist in dieser ungewöhnlichen Welt möglich. Wo gibt es das sonst in der Wüste? Wenn Sie mit Kindern reisen, können Sie Ferien vom Ich erleben. Planen Sie für einen Besuch mehrere Tage ein.
Wer sich auf das Abenteuer Dünenwandern einlässt, der braucht Trinkwasser, Schuhe, Hut, Sonnencreme und Sonnenbrille. Die Brille dient auch als Schutz gegen Sand, den der Wind treibt. Wer ohne wandert, kann schmerzvolle Erfahrungen sammeln. Auch beim Laufen ohne Schuhe. Der Sand heizt sich im Sommer bis auf 60°C auf.

Great Sand Dunes National Park
Sand Ramp Trail und Medano Creek

Eine Sandwüste mit den höchsten Dünen in Nordamerika am Fuße 4000 Meter hoher Berge. Im Frühjahr ein wadentiefer Bach und ein schneebedeckter Viertausender.

Wo: Von Alamosa auf Hwy 160 bis MP 248 und beschilderten Abzweig.
⇨ Auf Hwy 150 bis zum Great Sand Dunes National Park und den Pinyon Flats Campground. TH und P in Loop 2 bei Campsite #61. Zufahrt asphaltiert.

Wann: Ganzjährig. Beste Zeit im Mai während der Schneeschmelze in den Bergen.

Länge/Dauer: Bis zum Sand Dunes Overlook 2 km. 1 Std. Rundweg. Die Wanderung Campingplatz – Overlook – Sand Pitt Trail – Medano Creek – Visitor Center – Campingplatz 9 km. 3 Std. Rundweg.

Start- und Zielhöhe/Höhenunterschied: 2.500 m ⇨ 2.718m; 218 hm.

Campen:
Pinyon Flats Campgrund im Park.

Karten:
In Parkzeitung und Faltblatt kostenlos

Internet: www.nps.gov/grsa

Am Fusse der Great Sand Dunes

Unterwegs

Frühaufsteher wandern im Schatten und erleben, wie die über den Sangre de Cristo Mountains aufsteigende Sonne langsam von der Dünenlandschaft Besitz ergreift. Der Kurzstreckenwander folgt dem Pfad bis zum Sand Dunes Overlook Trail und auf diesem bis zu einem Aussichtspunkt mit Sitzbank. Mir leistete ein Rehbock Gesellschaft, der unbeeindruckt doch wachsam in vier bis fünf Meter Entfernung äste.

„Nirgendwo kann man Tiere so hautnah beobachten wie hier. In den großflächigen Naturschutzgebieten Nordamerikas erfährt das Wild nicht mehr den Mensch als Jäger und Feind", so Thomas, der mit seiner Familie die halbe Welt bereist hat.

Zurück zum Sand Ramp Trail. Auf diesem nordwärts bis zum Point of No Return mit kleinem P. Von der Zufahrt zu diesem P mit einem Pkw rate ich ab. Langstreckenwanderer folgen dem Sand Ramp Trail „so weit die Füße tragen". Immer mit Blick auf den Mount Herard (4.053 m) und die Dünen. Die anderen gehen auf dem Sand Pitt Trail bis zum Medano Creek. Hier hat man die Wahl: Entweder zurück und auf der Fahrstraße zum Campingplatz oder barfuss im sandigen und selten mehr als knöcheltiefen Medano Creek bachabwärts waten. Vielleicht bis zum Dunes Trail, der zum Campingplatz führt. Oder bis zum großen Parkplatz am Creek. Vom Parkplatz hinter den Toiletten führt ein Trail zum Visitor Center und von dort zum Campingplatz. Alles ohne Asphalt.

Wandern in den Dünen

Die Kombination von Sonne, Sand und Wasser bietet ein außergewöhnliches Freizeitvergnügen. Eine Landschaft, die ein besonderes Wandererlebnis verspricht – aufwärts wie abwärts.

Wo: Man kann mit dem Auto zum Dunes Parkplatz fahren oder vom Campingplatz auf dem Dunes Trail zum Bach und zu den Dünen laufen.

Wann: Ganzjährig.

Länge/Dauer: beliebig

Unterwegs
Great Sand Dunes zählt zu den weniger bekannten Wundern dieser Erde. Während die Großwüsten der Erde ihre Entstehung hauptsächlich dem Wind verdanken, ist es hier vor allem das Wasser, das den feinkörnigen Sand (Rhyolith und Quarz) seit dem Ende der letzten Eiszeit aus den 100 Kilometer westlich gelegenen San Juan Mountains heranträgt. Die Südwest-Winde im Sommer und die Nordost-Winde im Winter halten die Dünenlandschaft weitgehend stabil.

Viele Besucher steigen zur 198 Meter hohen High Dune auf, etwa zwei Kilometer vom Parkplatz entfernt. Die weiter westlich gelegene Star Dune ist mit

229 Meter die höchste in den Great Sand Dunes. Der wegelose Aufstieg auf die Dünenkämme erfordert viel Kraft. Und die Sonne kann im Sommer nachmittags den Sand bis auf 60 Grad Celsius aufheizen.

> **Tipp**
>
> Der Park Service bietet den Besuchern ein umfangreiches Campfire-Programm an, das über Landschaft, Geschichte, Natur und andere Besonderheiten informiert. Meist mit Bildern. Man sollte diese Veranstaltungen auf jeden Fall besuchen.

Sangre de Christo mit Blanca Peak

Andere Attraktionen

- **Zapata Wasserfall:** Markierte Zufahrt an Hwy 150, zwischen MP 10/11. Drei Meilen auf Staubstraße bis zu einem P und TH. Zufahrt problemlos. Vom P einen knappen Kilometer zu den Fällen. Von hier führt ein Trail zum South Zapata Lake am Fuße des Ellingwood Peak (4.280 m; 700 hm).
- **Blanca Peak**, mit 4.349 Metern der vierthöchste Berg in Colorado. Ein attraktiver Gipfel, doch 12 km Aufstieg ist eine außergewöhnliche Herausforderung für jene, die keinen Jeep fahren. Insider steigen nachmittags auf, übernachten in einem Primitivcamp und besteigen am nächsten Tag ein oder zwei Fourteeners. Zufahrt von Hwy 15, zwischen MP 3/4, nicht asphaltiert. 1 bis 2 Tage.
- **Fort Garland** wurde 1858 zum Schutz der Siedler gebaut. Der legendäre Kit Carsen war hier zeitweise Kommandant. An Hwy 160, 25 Meilen östlich von Alamosa. www.city-data.com/fort-garland-colorado
- **San Luis Lake State Park and Wildlife Area** für Ornithologen. Markierte Zufahrt von Hwy 150 asphaltiert, zwischen MP 13/14.

White Sands National Monument

Größtes Dünenfeld der Erde aus schneeweissen Gipssanden; stimmungsvolle Sonnenuntergänge; Freizeitspaß für Kinder.

Wo: An Highway 70, ca. 9 Meilen südwestlich von Alamogordo

Wann: Ganzjährig.
Das Monument ist von 22 Uhr bis 6 Uhr morgens geschlossen.

Länge/Dauer: 13 km. 4 Stunden.

Campen: BLM Aguare Spring Recreation Area an Hwy 70 MP 165. Die Zufahrt zum Campingplatz ist von 19 Uhr bis 7 Uhr morgens gesperrt. Daher ein sehr ruhiger Platz. Ein freundlicher Host macht Ausnahmen.

Karten: www.topozone.com ⇨ White Sands ⇨ NM.

Internet:
www.nps.gov/whsa

Mit einem Ranger unterwegs

Tipp

Versäumen Sie nicht, an einer Abendwanderung unter Führung eines Rangers teilzunehmen. Sie beginnt gegen 18:45. Ich habe dabei gute Fotos von Sonnenuntergängen geschossen. Der Treffpunkt am Ende der asphaltierten Straße ist markiert.

Yucca

Unterwegs

Eine acht Meilen lange Straße führt mitten hinein in das größte Gipsdünenfeld der Erde. Nummerierte Pfosten entlang der Straße markieren besondere Standorte. Sie sind im Faltblatt ‚White Sands' erläutert, das man im Besucherzentrum erhält.

4,9 Meilen vom Zentrum entfernt führt ein markierter Pfad in das Herz der Gipsdünen, eine vom Wind geformte Landschaft mit vier verschiedenen Dünenarten. Kakteen, Gräser, Büsche und Bäume im Kampf gegen den Sand bieten zahllose Fotomotive. Sie sind Zeugen der steten Anpassung an die rauen Bedingungen des Standortes. Unter ihnen der immergrüne Creosote. Er gehört zu den ältesten Gewächsen Nordamerikas. Einige Büsche sollen bis zu 11 000 Jahre alt sein. Die Indianer behandelten mit dem Extrakt dieser Pflanze Geschwüre, Hepatitis und Hauterkrankungen. Die Wurzeln der Creosotebüsche sondern im Kampf um das knappe Wasser eine „Abstandschemikalie" ab und hindern so andere Pflanzen, zu nahe zu kommen.

Coral Pink Sand Dunes

Korallenfarbige Sanddünen, rote Sandsteinklippen, ein meist blauer Himmel und das Grün von Zedern und Kiefern – ein fotogener Farbkontrast.

Wo: Am Hwy 89 zwischen Kanab und Mt. Camel Junction gibt es zwei markierte, asphaltierte Zufahrten zum Coral Pink Sand Dunes State Park (10 bzw. 12 Meilen).

Wann: Ganzjährig.

Länge/Dauer: Beliebig.

Campen: Im State Park Campingplatz. Freies Campen auf dem großen Parkplatz vor dem Parkeingang und an den Zufahrten.

Internet: Suchbegriff: Coral Pink Sand Dunes www.americansouthwest.net/utah/coral_pink_sand_dunes/state_park.html

Dünen wandern

Unterwegs

Wer die Eintrittsgebühr für den Park sparen will, startet am großen Parkplatz vor dem Eingang. Hier gibt es keinen markierten Wanderweg, doch die Reifenspuren von All-Terrain-Vehicles (ATV's) leisten ausreichend Orientierungshilfe. Es lohnt sich, die Dünenlandschaft zu Fuß zu erkunden und nach Fotomotiven Ausschau zu halten. Die Farbkontraste sind überwältigend. Vielleicht entdecken Sie den Coral-Pink-Tigerkäfer. Diese Unterart der Sandlaufkäfer wurde bisher nur im Coral Pinkt State Park gefunden. Als Wanderer sollten Sie möglichst nicht an Wochenenden die Coral Pink Sand Dunes besuchen. An verschiedenen Plätzen beherrschen lärmende Motorräder und ATV's das Gelände.

Coral Pink Sand Dunes

36 Algodones Dunes

Eine der größten, weitgehend vegetationslose Dünenlandschaft Nordamerikas. Sonne und ein wolkenloser Himmel zaubern einen zartblauen Schimmer auf den Sand.

Wo: 1. Zufahrt: Von der I-8 Ausfahrt 118 nach ⇨El Centro. Auf Hwy 86 nach Brawley und auf Road 111 bis Niland. ⇨Auf der Niland-Glamis Road zu den Dünen.
2. Zufahrt: Von der I-8 Ausfahrt 160. ⇨Weiter auf der CR 34 nach Ogilby. ⇨ Auf der nicht asphaltierten Ted Kipf Road nach Glamis und ⇨auf der Glamis-Niland Road zu den Dünen.

Wann: Beste Zeit September bis April.

Länge/Dauer: Beliebig.

Campen: Freies Campen an vielen Stellen möglich.

Karten: DeLorme TopoUSA ⇨Algodones Dunes ⇨N33°8.835`, W115° 19.465´.

Internet: Stichwort: Algodones Dunes

Spielwiese Dünen

Unterwegs

Die Algodones Sand Dünen entstanden vor 10 bis 20.000 Jahren. Sie bedecken ein über 2.500 Quadratkilometer großes Gebiet. Das BLM bittet, auf vorher benutzen Plätzen zu parken und zu campen. Es gibt keine offiziellen Wanderwege.

Wer im März/April unterwegs ist, findet in den Randzonen Peirson's Milkvetch, eine violett blühende Wicke. Diese Pflanze entwickelt unter den Milchgewächsen die größten Samen, um für die Trockenperiode ausreichend Vorräte speichern zu können.

Auf Betreiben des Sierra Club und verschiedener Umweltorganisationen wurden große Fläche unter Schutz gestellt. Off-Road-Fahrzeuge dürfen hier nicht in die Dünen hineinfahren. Anders dagegen südlich Hwy 78. Bis zu 1 Million Fahrzeuge jährlich bedrohen hier Flora und Fauna.

Tipps – Erprobt und bewährt

Einen außergewöhnlichen Urlaub planen

Wer in der Wüste wandern, Natur pur und den American Way of Life erleben will, für den ist Tucson ein attraktiver zentraler Standort mit zahlreichen kulturellen Angeboten. Einen Urlaub der besonderen Art kann man mit Hilfe dieses Wanderführers selbst planen oder an einer organisierten Reise teilnehmen.

Der Autor, für den der Westen der USA zur zweiten Heimat geworden ist, hat ein anspruchsvolles Programm zusammengestellt. Er wandert mit Ihnen im Saguaro Nationalpark, im Chiricahua National Monument, in den Santa Catalina, Rincon und Tucson Mountains. Auch auf den Spuren der Apachen. Sie besuchen die neu erschlossenen, noch wenig bekannten Kartchner Caverns (Tropfsteinhöhlen) und eine indianische Missionskirche – ein Erbe spanischer Vergangenheit. Sie erleben, wie die Wüste nach den Winterregen erwacht und sich weite Flächen in einen Blütenteppich verwandeln.

Der Wilde Westen mit seiner Bergbaugeschichte, mit Doc Holiday und anderen Größen vergangener Zeiten, wird in den Ghosttowns lebendig. In ihnen spiegelt sich die Hoffnung als Antrieb, der Mut zum Risiko und verlorene Träume wider. Mit dem Besuch eines privaten Seniorenprogramms und einer Aktion des Southern Arizona Hiking Club geht es an Klischees über den amerikanischen Alltag.

Das körperliche Wohlbefinden wird mit internationaler und heimischer Küche gepflegt. An Tagen zur freien Verfügung kann man Cowboy spielen, Gold waschen oder das tun, was schon seit langem auf Ihrer Wunschliste steht.

Wer eine Wander-Urlaubsreise auf eigene Faust in die Sonora Wüste plant, sollte vorher Informationen vom Office of Tourismus einholen:
- www.azot.com
- www.arizonaguide.com
- www.visittucson.org
- www.bensonvisitorcenter.com

Mariachi Band (Foto Gill Kenny © MTCVB)

Checkliste

- Gültiger Reisepass, internationaler Führerschein
- Auslandskrankenversicherung
- ADAC-Ausweis (falls Mitglied).
- Flugticket, Gutscheine für Mietwagen/Hotel.
- Reiseschecks, Visa/Mastercard.
- Rucksack als Handgepäck
  (kein Messer, keine Schere, Feile und Behälter mit Flüssigkeiten über 100 ml).
- Fotoapparat und reichlich Speichermedien. Sonnenschutz, Sonnenbrille.
- Wanderbuch, Botaniker ein Bestimmungsbuch.
- Leichte Wanderschuhe, Sandalen, Anorak.
- Medikamente für persönlichen Gebrauch.
- Formular mit einer Aufenthalts-Adresse in den USA.

Wanderkarten im Internet

Die im Buch abgedruckten Kartenausschnitte erleichtern das Orientieren im Gelände. Wollen Sie sich ein Wandergebiet auf einer größeren Karte bereits Zuhause anschauen, gehen Sie im Internet auf http://www.topozone.com. Hier können Sie alle topographischen Karten der USA in verschiedenen Maßstäben anklicken.

DeLorme TopoUSA bietet auf CDs topographische Karten mit eingezeichneten Wanderwegen in verschiedenen Maßstäben an. Die CDs sind in Deutschland in Landkartenhäusern erhältlich (z. B. Schwarz in Frankfurt/Main). Mitunter besteht eine mehrwöchige Lieferzeit.

Beste Reisezeit

Herbst, Winter und Frühjahr sind die günstigsten Jahreszeiten für Wanderungen in der Sonora Wüste. Botaniker und Blumenfreunde finden von März bis Anfang Mai ihre Highlights. Nach den Winterregen erwacht die Wüste.

Einkaufen in USA

Supermärkte wie Safeway, Albertsons oder Fry's und Kaufhäuser wie Wal-Mart, K-Mart oder Target haben oft rund um die Uhr geöffnet. Und das sieben Tage in der Woche. Es lohnt sich, nach Sonderangeboten, nach ‚on sale'-Waren Ausschau zu halten.
- Supermärkte geben Kundenkarten aus. Auf ausgewählte Angebote gibt es erhebliche Preisnachlässe. Fragen Sie bei Ihrem ersten Einkauf nach dieser Karte. Die Formalitäten sind gering. Als Adresse geben Sie die Anschrift des Autovermieters an.
- Gelegentlich stößt man beim Einkaufen auf ein ungewöhnliches Angebot: Wer von einem Produkt zwei kauft, braucht nur eins zu bezahlen. So werden beispielsweise zwei Gallonen Milch zum Preis von $ 4.99 angeboten. Nimmt man nur eine Gallone, wird oft der volle Preis berechnet. Das ist übertеuert. Sagt man an der Kasse, dass man ein „Single" ist und mit der doppelten Menge nichts anfangen kann oder im Kühlschrank nicht genug Platz ist, wird in Regel nur der halbe Preis berechnet. Falls nicht, können Sie die Ware an der Kasse zurückgeben.

Keine Spuren hinterlassen

Immer mehr Menschen suchen die Schönheit der Natur, dringen in abgelegene Gebiete vor, beunruhigen das Wild, zertreten die Vegetation und verstärken so den Bodenabtrag. Unmengen an Müll bleiben zurück.

Die Antwort: Ein Bildungsprogramm, das Besucher zu einem sorgsamen Umgang mit der Natur auffordert.
- Lass keine Spuren zurück!
  Auch keinen Abfall! Nimm nur Fotos mir!
- Bleib auf dem Weg und betrete nicht ökologisch empfindsame Gebiete!
- Lass Pflanzen und Zeugnisse früherer Kulturen unberührt!
- Füttere keine Wildtiere! Sie leben besser ohne eine Mitleidsgabe.

Anhang

Kleines Wörterbuch – Aussprachehilfe

Arizona (AH-risona) ....US-Bundesstaat seit 1912
Chihuhua (tchi-WA-wa)............Teil der Amerikanischen Wüste in New Mexiko
Chiricahua (tschiri-KA-wa) ......Gebirge im Süden von Arizona
Cholla (CHOY-jah) ....Kaktus
Huachuca (wa-CHU-ca)............Gebirge und Militärstützpunkt
Javelina (hu-wuh-LEN-a) ....kleines Wildschwein
Mogollon Rim (MO-gillon) ......markante Landschaftsgrenze
Ocotillo (oh-koh-TII-joh)..........Strauch, kein Kaktus
Palo Verde (pal-oh-VUR-de).....Staatsbaum von Arizona
Saguaro (sah-WA-roh) ....Größter Kaktus Nordamerikas
Sonora (suh-NAW-ruh) ....Teil der Nordamerikanischen Wüste
Tucson (TU-son) ....Zweitgrößte Stadt in Arizona
Aussprache in Klammern: Silben mit Großbuchstaben betonen.

Abkürzungen

AZ .... Arizona
BLM .... Bureau of Land Management: Nationale Organisation, der große Landflächen unterstehen.
F .... Foto
FF .... Farbfoto
FR .... Forest Road: Forststraße, meist nicht asphaltiert.
ft .... foot/feet 1 ft = 30,48 cm
GTT.............. Ganztagestour
hm .... Höhenmeter
HTT.............. Halbtagestour
Hwy.............. Highway: Straße regionaler oder überregionaler Ordnung. Meist asphaltiert.
I .... Interstate: Autobahn
MP................ Milepost: Meilenstein, Entfernung in Meilen
NFS .... National Forest Service: Nationale Forstverwaltung
NHS.............. National Historic Site
NM .... National Monument
NP .... National Park
NPS .... National Park Service: Nationalparkverwaltung
P .... Parkplatz
T .... Trail: Wanderweg
TH .... Trailhead: Beginn eines Wanderweges
T-Gabel......... Straße/Weg stößt rechtwinklig auf eine Querstraße.
Y-Gabel .... Straße/Weg stößt spitzwinklig auf eine Straße.

Kartenlegende

● ● ● Beschriebener Wanderweg, teilweise markiert

● ● ● ● Beschriebener Wanderweg, teilweise ohne Spur

- - - - Nicht beschriebener Wanderweg

⌐ Wanderziel

🚶 Beginn des Wanderweges (TH)

🚐 Platz zum Campen

▼ Visitor Center, Besucherzentrum

Abstand der Höhenlinien: 20 Meter. Alle Karten wurden auf der Grundlage von DeLorme TopoUSA 5.0 erstellt.

Arizona in Zahlen

Größe:	295.000 km2	• Großraum Tucson ca.	1,000.000
Einwohner:	6.1 Mio	• Tucson	520.000
• Großraum Phoenix	3,590.000	• Ajo	4.000
• Phoenix	1,513.000	• Bisbee	6.400
• Sun City	41.000	• Nogales	21.000
• Sun City West	40.000	• Safford	9.000
• Mesa	449.000	• Tombstone	2.000
• Scottsdale	231.000	• Yuma	86.000
		• Lake Havasu City	46.000

Klimadaten

Sonora Wüste   **Berge über der Wüste**

	Temp min/max (°C)	Sonnenauf-/ -untergang		Niederschläge (mm)	Temp min/max (° C)	Niederschläge (mm)
Januar	05/19	7:25/5:30	7:25/7:41	15	-09/06	55
Februar	07/21	7:17/5:57	7:06/6:09	17	-07/08	65
März	10/24	6:51/6:21	6:34/6:31	23	-05/10	57
April	13/29	6:12/6:43	5:55/6:53	8	-03/14	33
Mai	18/34	5:38/7:04	5:26/7:14	2	01/20	20
Juni	23/40	5:18/7:25	5:17/7:31	2	05/26	11
Juli	27/41	5:21/7:34	5:28/7:31	23	10/28	61
August	26/40	5:39/7:21	5:48/7:08	25	09/27	73
September	23/37	5:59/6:49	6:08/6:31	22	06/23	54
Oktober	16/31	6:18/6:10	6:27/5:52	18	00/17	49
November	09/24	6:41/5:35	6:53/5:24	18	-06/11	47
Dezember	05/19	7:05/5:19	7:17/5:21	25	-08/07	46

Literatur

The Arizona Republic und Arizona Daily Star: Tageszeitungen mit lokalen und regionalen Informationen.
Tucson Weekley: Wochenzeitschrift. Informiert über Veranstaltungen. www.tucsonweekly.com
Arizona Highway: Anspruchsvolle Monatszeitschrift mit interessanten Beiträgen über Landschaft, Kultur, Ethnologie. Mit hervorragenden Fotos. www.arizonahighway.com
Abbey, Eward: Die UniversalSchraubenSchlüsselBande. Rowolt, Hamburg 1987 (im Antiquariat).
Deserts. Audubon Society Nature Guide mit über 600 farbigen Fotos und Beschreibungen von Pflanzen und Tieren in den Wüsten Nordamerikas. Ein Standardbuch (in Englisch). ISBN 0-394-73139-5
Knirsch, Rudolf R., Paradies auf Abruf. Das Ende der Natur im Westen Nordamerikas? Frankfurt/M-New York. U. a. mit Beiträgen zur Wasserversorgung von Las Vegas und Tucson, über die der Entdeckung der Kartchner Caverns und Probleme der Nationalparke, die von Millionen besucht werden. ISBN 3-593-35781-x (Vergriffen, Restexemplare beim Verfasser).
Knirsch, Rudolf R., Unterwegs im Wilden Westen. Reiseverführer für Aktive. Band 1. Arizona, Utah, Colorado, New Mexico, Nevada. Frankfurt/M-Tucson, AZ. ISBN 3-00-010897-1
Knirsch, Rudolf R., Unterwegs im Wilden Westen. Reiseverführer für Aktive. Band 3. Grand Canyon, Sunset Crater, Zion, Cedar Break, Bryce, Capitol Reef, Arches, Salt Lake City Area. Frankfurt/M-Tucson, AZ. ISBN 978-3-00-020770-9

Register – Schnell gefunden

Abkürzungen 85
Ajo Mountain 67ff
Ajo: New Cornelia Copper Mine 71
Algodones Dunes 82
Apachen 50ff
Arcosanti 63
Arizona Sonora Desert Museum 33
Aussprachehilfen 85
Bären 45f
Betty s Kitchen 73
Biosphere 2; 34
Bisbee Mining Museum 49
Boulder Canyon Trail 66
CAP-Canal 18,
Carr Peak 44f
Casa Grande Ruins NM 63
Catalina Mountains 21ff
CCC:Civilian Conservation Corps 55
Chihuahua Wüste 7, 11
Chiricahua Mountains 53ff
Cochise 52
Cochise Stronghold 50f
Colorado River 72ff
Coral Pink Sand Dunes 80f
Coronado, Francisco de 14
Dragoon Mountains 50
Dünenlandschaften 75ff
Felszeichnungen, indianische 18
Feuerwachtturm 29, 38f, 56, 57,
Fort Bowie NHS 57
Fort Huachuca 48
Gefahren der Wüste 8f
Geronimo 52 F

Ghosttowns 49, 66
Great Basin 10
Great Sand Dunes NP
Grenzgänger, illegale 68f
Große Amerikanische Wüste 7, 11
Heiße Quellen 60
Huachuca Mountains 41ff
Imperial Wildlife Refuge 75
Indianer FF 3
Kartchner Caverns 47
Kartenlegende 86
Kitt Peak 34
Klimadaten 86
Klimawandel 25
Kupfertagebau 60, 71
La Barge Bulder Canyon 66
Madera Canyon 37f
Manzanita F 51
Marachi Festival 34
Miller Peak 41ff
Mission San Xavier del Bac 33
Monsun 14
Montezuma Pass 42f
Mount Ajo 67ff
Mount Wrightson 35f
Nationalparke 16
Nogales 39
Ocotillo 19,
Old Tucson Studios 34
Organ Pipe Cactus
Organ Pipe NM 67ff
Palm Canyon 74
Phoenix: Heard Musem 63

Piastawa Peak 61f
Picacho Peak 62f
Pima Canyon 26
Red Squirrel 60
Sabino Canyon 22ff
Saguaro Kakteen 12f, 15,
Saguaro Nationalpark 16
Seven Falls 21f
Sierra Madre 14
Smokey Bear 45
Sonora Wüste 7, 11
Sun City 63
Superstition Mountains 64ff
Tombstone 48f
Tropfsteinhöhlen 47f
Tubac 39
Tucson 32ff , 35
Tumacacori 40
Vegetationszonen 14
Vogelparadiese 57
Wasson Peak 17
Webb Peak 58f
Weavers Needle 64f
White Sands NM
Yucca

87

Reisen der besonderen Art

Seine Freunde nennen ihn „Rocky Rudi".
Er wanderte tausende Meilen im Westen der USA.
Oft querfeldein durch faszinierende Landschaften.
Haben Sie Lust auf eine Abenteuerreise, auf einen
unvergesslichen Tripp? Dann folgen Sie seinen
Spuren. Ein Klick auf Rudi's Website:

www.wandernUSA.de

oder ein Anruf genügt:

Tel. 06055-3189

Vom gleichen Autor sind erschienen:

PARADIES AUF ABRUF — Das Ende der Natur im Westen Amerikas?	**Unterwegs im Wilden Westen**	**Unterwegs im Wilden Westen**	**Unterwegs im Wilden Westen**
ISBN 3-593-35781	ISBN 3-00-010897-1	ISBN 3-00-017698-5	ISBN 978-3-00-020770-9

Dr. Rudolf R. Knirsch
in Zusammenarbeit mit
- www.bildungswerk-oekologie.de
- www.wuestenwandern.de
- Vogelsberg Höhenclub (VHC)

www.wandernUSA.de